Armut und Spiritualität

WÜRZBURGER STUDIEN zur FUNDAMENTALTHEOLOGIE

Herausgegeben von Elmar Klinger

Band 34

PETER LANG

Frankfurt am Main · Berlin · Bern · Bruxelles · New York · Oxford · Wien

Carlos Luy Montejo

Armut und Spiritualität

Der Beitrag Gustavo Gutiérrez'
zur Theologie der Evangelisierung

PETER LANG
Europäischer Verlag der Wissenschaften

Bibliografische Information Der Deutschen Bibliothek
Die Deutsche Bibliothek verzeichnet diese Publikation in der
Deutschen Nationalbibliografie; detaillierte bibliografische
Daten sind im Internet über <http://dnb.ddb.de> abrufbar.

ISSN 0179-4566
ISBN 3-631-54960-1
© Peter Lang GmbH
Europäischer Verlag der Wissenschaften
Frankfurt am Main 2006
Alle Rechte vorbehalten.

Das Werk einschließlich aller seiner Teile ist urheberrechtlich
geschützt. Jede Verwertung außerhalb der engen Grenzen des
Urheberrechtsgesetzes ist ohne Zustimmung des Verlages
unzulässig und strafbar. Das gilt insbesondere für
Vervielfältigungen, Übersetzungen, Mikroverfilmungen und die
Einspeicherung und Verarbeitung in elektronischen Systemen.

www.peterlang.de

Danksagung und Widmung

Wissenschaftliches Arbeiten ist immer das Ergebnis gemeinsamer Anstrengungen, nicht allein des Autors, sondern einer Anzahl Personen, die Wertvolles zur Verwirklichung beitragen.

Daher möchte ich Prof. Dr. Elmar Klinger für die Betreuung dieser Arbeit und sein Angebot danken, die vorliegende Arbeit in die von ihm herausgegebene Schriftenreihe zu veröffentlichen.

Die Diözese Würzburg hat in der Person von Herrn Domkapitular Hans Herderich in dankenswerter Weise durch die Gewährung einer Druckbeihilfe maßgeblich zum Erscheinen der Arbeit beigetragen.

Für die Korrekturen des Manuskripts danke ich Gregor Wiedekind, Lucia Ott und Katharina Wawerek, deren Kritiken und Beiträge für den Entstehungsprozess dieser Arbeit fundamental waren.

Ebenso danke ich dem Orden der Franziskaner Minoriten, mir den Raum und die notwendige Zeit für das Verfassen und Publizieren dieses Buches eröffnet zu haben.

Besonderer Dank gilt meinen Eltern und Freunden für Ihre Nähe und Unterstützung.

Schließlich habe ich dem lateinamerikanischen Volk für seinen Kampf und seinen unverbrüchlichen Glauben zu danken, und allen, die Gott inmitten des Leidens, der Hoffnung und der Kraft der Armen suchen.

Vorwort

Ich fühle mich Padre Gustavo Gutiérrez sehr verbunden, obwohl wir uns nur wenige Male unterhalten haben. Schon seit langem begleiten mich seine Theologie und die Ausstrahlung seiner Persönlichkeit auf meinem Weg.

In meiner Jugend, ich erinnere mich, stand Gustavo Gutiérrez oft im Zentrum ausladender Diskussionen, die ich mit einigen Freunden in der Jugendgruppe unserer Pfarrei führte. Heute muss ich beim Gedanken an unsere Gespräche schmunzeln: wir waren Kinder der Mittelklasse, denen es an nichts mangelte, aber wir unterhielten uns über die Notwendigkeit der „Befreiung" der unterdrückten Armen. Später, im Rahmen der studentischen Gemeinde, nachdem ich schon einige Vorträge und Treffen mit Gustavo Gutiérrez besucht hatte, wurde mir die Bedeutung dieses Engagements vor dem Hintergrund der Situation der Armut, die in meiner Heimat Peru herrscht, immer deutlicher bewusst und nahm konkretere Formen an. Kurz nach meinem Eintritt in den Franziskanerorden traf ich erneut auf Gutiérrez und zwar in der Stadt Chimbote im Norden Perus, die uns beiden sehr wichtig geworden ist. Und wieder war es seine menschliche und kirchliche Erfahrung, die mir half, mein eigenes franziskanisches Charisma, das der radikalen Option für die Armen und des Kampfes für die Bedürftigsten, zu vertiefen.

Vor etwa einem Jahr hatte ich dann erneut die Gelegenheit, Gutiérrez im Rahmen einer Vortragsveranstaltung an der Theologischen Fakultät der Universität Tübingen zu treffen. Während der Vorbereitungsphase für das Priesteramt war er damals auch in Europa zum Studium gewesen, und diese gemeinsame Erfahrung führte uns zu einem Gespräch über die Situation der Kirche in Europa und über meine Erfahrung der „Wiederentdeckung" meiner „lateinamerikanischen Wurzeln" in diesem europäischen Umfeld.

Ich bin fest davon überzeugt, dass die Figur Gustavo Gutiérrez', der oft als der „Vater der Befreiungstheologie" bezeichnet wird, die Grenzen Lateinamerikas übersteigt, da das, was er geschaffen hat, eine weltumspannende theologische Bedeutung hat. Sein Verdienst liegt darin, wie Leonardo Boff gezeigt hat[1], dass er dazu beigetragen hat, einen neuen Diskurs im christlichen Denken zu entwickeln. Es gibt nur wenige Personen, die einen epistemologischen Bruch ausgelöst haben, d.h. eine neue Möglichkeit die Realität zu interpretieren. Gustavo Gutiérrez hat einen neuen, vielversprechenden Weg für das theologische Denken erschlossen, er entdeckte eine neue Art Theologie zu betreiben. Seine Theologie als kritische Reflexion auf die historische Praxis ist keine theologi-

---

[1] Boff, Leonardo: La originalidad de la teología de la liberación. In: Arns, Paulo Evaristo u.a.:Teología y liberación. Perspectivas y desafios: Ensayos en torno a la obra de Gustavo Gutiérrez. I. Bd. Lima: IBC-CEP, 1989, 127.

sche Reflexion über die Befreiung, sondern eine Reflexion über Gott im Kontext der Befreiung und in der Welt der Armen.

In der Einleitung zu seinem bekannten Buch „Gott als Geheimnis der Welt" bekräftigt der Theologe Eberhard Jüngel: „Nur wer Schritte zurück auf längst gegangene Wege zu gehen wagt, wird wirklich neue Wege finden."[2] In diesem Satz wird die Motivation, die mich dazu gebracht hat, das Thema der Armut und der Spiritualität aus der Position der Evangelisierungstheologie Gustavo Gutiérrez' zu studieren, sehr gut ausgedrückt. Auch wenn diese Themen nicht völliges Neuland bedeuten, so erlauben sie mir doch, von der Hand Gutiérrez' geführt, neue Wege zu entdecken, um auf verschiedene Fragen, die aus unserem soziokulturellen Umfeld erwachsen und die gerade heute brennend sind, ernsthafte Antworten zu geben: Wie kann man dem Armen, dem Lebensumstände aufoktroyiert werden, die eine Verneinung der Liebe darstellen, sagen, dass Gott ihn liebt? Das ist gleichbedeutend mit der Frage, wie man eine Sprache finden kann, um über Gott und von Gott zu sprechen und Ihn zu verkünden inmitten des Schmerzes und der Unterdrückung, unter denen die Armen Lateinamerikas zu leiden haben.

Die Absicht Gutiérrez' war nicht eine lateinamerikanische Theologie zu konzipieren und sich in einem theoretischen Provinzialismus zu verlieren, sondern er wollte, ausgehend vom Leiden Lateinamerikas, neue Wege öffnen, die von Anfang an universell angelegt waren. Daher stellen sich für mich, der ich im Moment im europäischen Kontext lebe, folgende Fragen, die an die vorhin formulierten anknüpfen: Wie kann man von Gott in einer Gesellschaft sprechen, die übersättigt ist und den Armen verachtet und die – zumindest im Alltag – Gott und jede Rede über Ihn als irrelevant ansieht? Wie kann man von Gott sprechen, wenn man auf der reichen Seite steht, die auch für die Armut der anderen Seite mitverantwortlich ist? Wie kann man von Gott sprechen in einer Gesellschaft, in der der Glaube an Gott abnimmt, aber der Glaube an die eigenen Möglichkeiten und an das eigene Wohlergehen immer mehr zunimmt? Wie kann man von Gott sprechen als Egoist mit altruistischen Anwandlungen, gnadenlos im Wettbewerb und barmherzig im Fühlen, Ungerechtigkeit schaffend und gleichzeitig die Gerechtigkeit verteidigend?

Ja, ich fühle mich Padre Gustavo Gutiérrez sehr verbunden. Wie er glaube auch ich an einen Gott des Lebens und an ein Volk, das nach Freiheit schreit. Ich glaube, dass diejenigen, die die Option für das Leben ergreifen, „aus seiner eigenen Quelle trinken" müssen, aus der das erneuernde Wasser einer Theologie hervorquillt, die auf der „Rückseite der Geschichte" entstanden ist.

---

[2] Jüngel, Eberhard: Gott als Geheimnis der Welt. Tübingen: Mohr, 1986, 9.

Inhaltsverzeichnis

0 Einleitung 13

   0.1   Aktualität des Themas und zugrunde liegende Fragen 13

   0.2   Aufbau der Arbeit 17

1 Der intellektuelle, spirituelle und kirchliche Weg Gutiérrez' 19

   1.1   Biographische Daten, die eine Auswirkung auf die Theologie Gustavo Gutiérrez' haben 19

   1.2   Inspirationsquellen der Theologie Gutiérrez' 21

      1.2.1 Guamán Poma de Ayala 21

      1.2.2 Bartolomé de Las Casas 22

      1.2.3 José María Arguedas 23

   1.3   Die Originalität der Theologie Gutiérrez' 24

      1.3.1 Theologie als kritische Reflexion auf die historische Praxis 24

      1.3.2 Über das Mysterium Gottes sprechen 25

      1.3.3 Befreiung als umfassender Begriff 26

      1.3.4 Die Theologie als zweiten Akt 27

      1.3.5 Vom „nicht-gläubigen Mensch" zum „Nicht-Mensch" 28

      1.3.6 Aus der Perspektive der Armen 28

   1.4   Die Übernahme und Weiterführung des Zweiten Vatikanischen Konzils in Lateinamerika 29

      1.4.1 Medellín 30

      1.4.2 Puebla 32

      1.4.3 Santo Domingo 33

      1.4.4 Anfechtung und Unterstützung. Die Anwendung des „Programms" 35

      1.4.5 Die Armen als das wichtigste Zeichen der Zeit 37

2	**Die Welt der Armen**	**41**
2.1	Zwiespältigkeit des Begriffs Armut	41
2.2	Die biblische Bedeutung der Armut	42
	2.2.1 Armut als Skandal	43
	2.2.2 Armut als geistige Kindschaft	44
	2.2.3 Versuch einer Synthese: Solidarität und Protest	45
2.3	Vorrangige Option für die Armen: eine Achse christlichen Lebens	46
	2.3.1 Der Grund einer Bevorzugung	47
	2.3.2 Eine theozentrische Option	48
2.4	Dialektik Armut-Reichtum	48
2.5	Von der Rückseite der Geschichte her	49
	2.5.1 Einbruch der Armen	50
	2.5.2 Das Recht zu existieren und das Recht nachzudenken	51
2.6	Die Armen als Träger der Evangelisierung	53
	2.6.1 Die Armen werden evangelisiert	53
	2.6.2 Das evangelisatorische Potential der Armen	54
	2.6.3 Von Ausgegrenzten zu Jüngern Jesu	54
3	**Zu einer neuen Spiritualität**	**57**
3.1	Eine umfassende Spiritualität	57
	3.1.1 Christliche Spiritualität als Sache von Minderheiten	59
	3.1.2 Spiritualität in einer individualistischen Perspektive	59
3.2	Das Volk auf der Suche nach Gott	60
	3.2.1 Die Spiritualität eines Volkes	62
	3.2.2 Das neue Lied der Armen	62
3.3	Eine befreiende Spiritualität	63
	3.3.1 Bruch und Solidarität	64

3.3.2 Klima der Wirksamkeit ... 65
3.3.3 Freude: Sieg über das Leiden ... 66
3.3.4 Geistige Kindschaft: Bedingung für das Engagement an der Seite der Armen ... 68
3.3.5 Gemeinschaft: Aus der Einsamkeit ... 69

3.4 Schritte zu einer befreienden Spiritualität ... 70

4 Theologie der Evangelisierung ... 75

4.1 Theologie und die Verkündigung des Evangeliums ... 75

4.2 Verkündigung des „Gottes des Lebens" ... 77

4.3 Theologie der Evangelisierung betreiben ... 78

    4.3.1 Mystische und prophetische Sprache ... 79

    4.3.2 Von Gott reden ... 81

4.4 Umkehr als Forderung der Evangelisierung ... 83

4.5 Zeitgenössische Herausforderungen ... 84

    4.5.1 Von den Letzten ausgehen ... 84

    4.5.2 Globalisierung und Armut ... 85

    4.5.3 Die postmoderne Welt ... 87

    4.5.4 Der religiöse Pluralismus und das Problem des Anderen ... 88

    4.5.5 Vertiefung der Spiritualität ... 89

5 Schlussbemerkungen ... 91

6 Literaturverzeichnis ... 97

7 Anhänge ... 105

Anhang 1: Kurzbiographie ... 105

Anhang 2: Veröffentlichungen ... 106

0 Einleitung

0.1 Aktualität des Themas und zugrunde liegende Fragen

Unterdrückte Völker, ausgebeutete Gesellschaftsklassen, verachtete Rassen und an den Rand gedrängte Kulturen, dies waren häufig gebrauchte Formeln – zu denen immer der Verweis auf die Diskriminierung der Frau hinzukam –, wenn im Rahmen der Theologie, besonders der Theologie der Befreiung, von der ungerechten Situation der Armen die Rede war. Damit wollte man darauf aufmerksam machen, dass der Arme – der in der Tat zu einem gesellschaftlichen Kollektiv gehört – in einer Situation „unmenschlichen Elends"[3] und in einer „gegen den Geist des Evangeliums gerichteten Armut"[4] lebt.

Gleichzeitig – und es ist wichtig, daran zu erinnern – ist Armsein eine Art zu leben, zu denken, zu lieben, zu beten, zu glauben und zu hoffen, Freizeit zu verbringen und um sein Leben zu kämpfen. Die Armen haben nicht nur Mangel, in ihnen leben menschliche Möglichkeiten und Schätze, und sie haben eine eindrucksvolle Erfindungsgabe und schöpferische Kraft, um der Krise die Stirn zu bieten.

Die Armut, in der die sogenannte Dritte Welt lebt, ist nichts Neues. Die Armut ist ein Thema des Evangeliums und eine Herausforderung, die im Laufe der Kirchengeschichte immer präsent war. Unsere Zeit ist von einem gewaltigen historischen Ereignis geprägt: dem „Einbruch des Armen" (irrupción del pobre), das heißt, der neuen Gegenwart derjenigen, die tatsächlich in unserer Gesellschaft und in der Kirche „abwesend" waren. „Abwesend" heißt unbedeutend oder von geringer Bedeutung und außerdem ohne die Möglichkeit, dass sie ihre Nöte, ihre solidarischen Beziehungen, ihre Pläne, ihre Hoffnungen selbst zum Ausdruck bringen können.

Diese Situation hat sich aufgrund eines langen historischen Prozesses in den letzten Jahrzehnten in Lateinamerika zu wandeln begonnen, aber auch in Afrika (neue Nationen), in Asien (Unabhängigkeit aller Nationen), bei den rassischen Minderheiten (Schwarzen, Latinos, Indianern, Arabern, Asiaten) reicher Länder und auch armer Länder (einschließlich der lateinamerikanischen).

So sind die Armen nach und nach zu aktiven Subjekten ihres eigenen Schicksals geworden. Es genügt, sich die Entwicklung der Basisgemeinden, der Müttervereinigungen, der Armenküchen u.v.a. zu vergegenwärtigen. Die Theologie der Befreiung (ein Ausdruck des Rechtes der Armen, ihren Glauben zu durchdenken) ist nicht ein Resultat, das sich automatisch aus dieser Situation

---

[3] Die Kirche Lateinamerikas: Dokumente der II. und III. Generalversammlung des Lateinamerikanischen Episkopates in Medellín und Puebla. In: Sekretariat der Deutschen Bischofskonferenz (Hrsg.). Bonn, 1979 (Stimmen der Weltkirche 8), 115.
[4] Ebd., 331.

und ihren Veränderungen ergibt; sie ist vielmehr ein Versuch, der Aufforderung Johannes' XXIII. und des Konzils folgend, die Zeichen der Zeit zu lesen und darüber im Licht des Evangeliums kritisch nachzudenken. Diese Reflexion soll uns dazu bringen, die Werte und die Grenzen dieses Ereignisses sorgfältig zu beurteilen, das vom Glauben her gesehen auch ein Hereinbrechen Gottes in unser Leben ist: „Mit den Augen des Glaubens betrachtet verstehen wir, dass der Einbruch des Armen in die Gesellschaft und Kirche Lateinamerikas letztlich ein Einbruch Gottes in unser Leben ist. Dieser Einbruch ist der Ausgangspunkt und auch die Achse der neuen Spiritualität. Er weist uns daher den Weg zum Gott Jesu Christi."[5]

Andererseits hat sich das zeitgenössische Panorama der Wirtschaft und der Sozialstruktur mit seinen Erfolgen und Zwängen, seinen Fortschritten und Schrecken, seinen Möglichkeiten und seiner Vergessenheit in den vergangenen Jahren mit schwindelerregender Schnelligkeit verändert, wie es das in Jahrhunderten nicht getan hat. Das postmoderne Denken, der Aufbruch ins Informationszeitalter und das Phänomen der wirtschaftlichen Globalisierung haben neben anderen Faktoren zu diesen grundlegenden Veränderungen kurz vor und zu Beginn des dritten Jahrtausends beigetragen. Die verschiedenen Berichte zur sozioökonomischen Lage stimmen in der Feststellung überein, dass sich die Welt immer weiter polarisiert und der Abstand, der die Armen von den Reichen trennt, immer größer wird. Etwas Ähnliches vollzieht sich innerhalb eines jeden Landes, auch in den reichen Nationen. Die Angaben zeigen, dass in relativen und absoluten Zahlen die Bevölkerung in Armut und extremer Armut angewachsen ist. Die Ausgrenzung eines Teils der Menschheit aus dem Wirtschaftskreislauf, was diese Menschen von den so genannten Segnungen der zeitgenössischen Zivilisation ausschließt, wird von Mal zu Mal deutlicher und bedeutet letzten Endes einer Zunahme der Asymmetrie auf dem Planeten.

Diese bereits dargestellten Realitäten sind zweifellos zwiespältig: in dieser vielfältigen und weiten Welt der Armen sind die vorherrschenden Kennzeichen auf der einen Seite ihre Bedeutungslosigkeit für die entscheidenden Mächte, die die Welt von heute regieren, und auf der anderen Seite ihr gewaltiger menschlicher, kultureller und religiöser Reichtum, vor allem ihre Fähigkeit, auf diesen Gebieten neue Formen von Solidarität hervorzubringen.

In diesem Zusammenhang fragt sich der Theologe Gutiérrez angesichts der Herausforderung einer „Neuen Evangelisierung", die von Papst Johannes Paul II.[6] gefordert wurde, wie es in Anbetracht des Leidens der Unschuldigen

---

[5] Gutiérrez, Gustavo: Aus der eigenen Quellen trinken. Spiritualität der Befreiung. Mainz: Matthias-Grünewald, 1986, 37.
[6] Johannes Paul II. beschreibt die „Neue Evangelisierung" folgendermaßen: „Neu in ihrem Eifer, in ihren Methoden und in ihrer Ausdrucksweise". Vgl. Ansprache an die 19. Vollversammlung des Lateinamerikanischen Bischofsrats (CELAM) in Port-au-Prince am 9. März

möglich ist, von der Güte Gottes zu reden. So lauten die folgenden Grundfragen: Wie soll man von einem Gott, der sich als Liebe offenbart, in einer Wirklichkeit sprechen, die von Armut und Unterdrückung gekennzeichnet ist? Wie soll man Menschen, die einen vorzeitigen und ungerechten Tod erleiden, einen Gott des Lebens verkünden? Wie soll man das ungeschuldete Geschenk seiner Liebe und Gerechtigkeit verstehen, wenn man nur Unrecht zu erleiden hat? In welcher Sprache soll man denen, die nicht einmal als Menschen gelten, sagen, sie seien Söhne und Töchter Gottes?[7]

Eine theologische Reflexion, die von den Armen als den Bevorzugten Gottes ausgeht, ist immer aktuell und dringend geboten. Es handelt sich um die Notwendigkeit, die „Rede von Gott" zu vertiefen, was für Gutiérrez nur auf der Grundlage der Mystik und der Praxis möglich ist, auf der Grundlage der Kontemplation und des radikalen Engagements für die Armen; eine „Rede von Gott", die sich angesichts der Bedürftigkeit, des Leidens und der Not nicht den Hunger und Durst nach Gerechtigkeit mit leeren Phrasen nehmen lässt. In dieser Suche ist die Motivation für das Entstehen dieser Arbeit verankert. Es ist klar, dass es uns hier nur möglich sein wird, angesichts der Herausforderungen der Gegenwart, mit dem Versuch einer Antwort zu beginnen.

In dem Versuch, die aufgezeigte Problematik zu konkretisieren, werde ich mich auf die folgenden Fragestellungen konzentrieren:

- Die vorrangige Option für die Armen als eine Achse christlichen Lebens. Die Frage nach dem Grund dieser Bevorzugung: eine theozentrische Option.

Das vorrangige Engagement für die Armen ist in der Tat im Herzstück der Verkündigung Jesu, dem Reich Gottes, verwurzelt und bildet ein zentrales Thema der Theologie der Befreiung Gutiérrez', das heute in der Weltkirche weithin akzeptiert ist.

Das letzte Motiv für das Engagement für die Armen und Unterdrückten liegt in Gott selbst. Es ist eine theozentrische und prophetische Option, die in der Geschenkhaftigkeit der Liebe Gottes wurzelt und von dieser gefordert wird.

Hat der Begriff „Vorrang" etwas mit „Exklusivität" zu tun? Bedeutet das Wort „Option" etwas, was sich der Christ zu eigen machen kann oder nicht? Worin besteht die *ultima ratio* dieser Bevorzugung der Armen?

- Die Spiritualität als umfassende Wirklichkeit. Die Frage nach einer befreienden Spiritualität: Verklammerung von geistlicher Erfahrung und für die Gerechtigkeit engagierter Praxis.

(In: Sekretariat der Deutschen Bischofskonferenz (Hrsg.): Verlautbarungen des Apostolischen Stuhls 46. Bonn, 1983, 120.
[7] Gutiérrez, Gustavo: Von Gott sprechen in Unrecht und Leid – Ijob. Mainz: Matthias-Grünewald, 1988, 14.

Die Spiritualität ist für die Theologie der Befreiung kein Thema neben anderen. Die geistliche Erfahrung und die geistliche Praxis sind neben ihrer grundlegenden Bedeutung für ein christliches Leben auch fundamentale Elemente der Theologie der Befreiung. Dies trifft sowohl für ihre Methode als auch für ihre Inhalte zu. So zieht sich das Thema der Spiritualität wie ein roter Faden durch das gesamte theologische Werk von Gustavo Gutiérrez. Hier geht es um eine umfassende Spiritualität, die nicht auf die sogenannten religiösen Aspekte wie Gebet und Gottesdienst beschränkt ist, sondern die unserem Beten, Denken und Handeln seine tiefe Einheit gibt.

Ist Spiritualität nicht nur etwas für „eine Gruppe Auserwählter" oder ein persönlicher Aspekt in der individuellen Beziehung jedes Menschen mit Gott? Muss man, in Anbetracht der Not und der Unterdrückung, nicht den aktiven Kampf für Gerechtigkeit dem kontemplativen Leben vorziehen? „Vergeistigt" oder relativiert man nicht die materielle Armut mit diesem Vorschlag einer alles umfassenden Mystik?

- Die Frage nach einer Theologie der Evangelisierung, die die Armen zu ihren Trägern und die Spiritualität befreiend macht: Verkündigung des Gottes des Lebens.

Das Leben der Kirche und ihre evangelisierende Aufgabe definieren sich neu von den Armen her und für sie, die sie sich mit ihrer ganzen Last an Not und Ausgebeutet-Sein, aber auch an Kampfesgeist und Glaube präsentieren. Die, die in der Bibel die Armen genannt werden, sind nicht nur die bevorzugten Adressaten des Evangeliums, sondern auch und aus demselben Grund seine Träger. Die Verkündigung des Evangeliums ermöglicht uns die Begegnung mit einem Gott, der im Leben und Sterben, in den Kämpfen und Hoffnungen des Volkes lebendig ist. Diese Begegnung kommt auch noch in einem der reichsten und tiefsten Merkmale der im Befreiungskampf engagierten Christen zum Ausdruck: in einer neuen befreienden Spiritualität. Das mystische Fundament ist wesentlich für die Verkündigung des Reiches Gottes und seiner Forderung nach Gerechtigkeit. Die Theologie der Evangelisierung Gutiérrez' wird zu einer Hermeneutik der Hoffnung, die den Gott des Lebens verkündigt, den Armen zum Träger der Frohen Botschaft und die Mystik unseres Volkes zu einer befreienden Spiritualität macht.

Wie sehen die Grundzüge einer Theologie der Evangelisierung nach Gutiérrez aus? Noch einmal, wie kann man einen Gott des Lebens angesichts einer Realität der Not und des Todes verkündigen? Wie sind die Armen zu Trägern des Evangeliums geworden? Wie kann die Spiritualität zu einer befreienden Realität werden?

0.2 Aufbau der Arbeit

Diese Arbeit beginnt mit einem Kapitel, das den intellektuellen, spirituellen und kirchlichen Werdegang Gustavo Gutiérrez' darstellen möchte, indem es sich auf die biographischen Daten und die Inspirationsquellen seines theologischen Denkens, ebenso wie auf die grundlegenden Konzepte seiner Theologie konzentriert. Zudem werden die Teilnahme Gutiérrez' an der Übernahme und der Rezeption des Zweiten Vatikanischen Konzils in Lateinamerika analysiert, wobei versucht wird, dem Leser „nebenbei" die Realität dieses Subkontinents nahe zu bringen.

Die darauffolgenden drei Kapitel sind anhand der oben dargelegten Fragestellungen und Problematiken strukturiert. Das zweite Kapitel versucht, sich der Welt der Armen anzunähern und dadurch Konzepte zu verdeutlichen und Missverständnisse bezüglich des Begriffs „Armut" auszuräumen; anschließend wird die vorrangige Option für die Armen als Achse des christlichen Lebens dargestellt, mit dem Einbruch des Armen in die Geschichte und in das kirchliche Leben, der damit vom Ausgegrenzten zum Jünger Jesu wird.

Im dritten Kapitel wird der Begriff „Spiritualität" als umfassende Wirklichkeit dargestellt und auf mögliche Missverständnisse des Begriffs hingewiesen. In einem zweiten Schritt soll versucht werden, den spirituellen Weg als ein gemeinschaftliches Abenteuer des ganzen christlichen Volkes aufzuzeigen. Am Ende sollen die großen Linien unserer besonderen geistigen wie spirituellen Erfahrung in Lateinamerika dargelegt werden, die grundlegend für die Geburt einer neuen Spiritualität sind.

Das vierte Kapitel widmet sich der Theologie der Evangelisierung und dem Beitrag Gustavo Gutiérrez' zur Suche nach einer Sprache, um von Gott „vom Armen her" und von einer Spiritualität, die an den Befreiungsprozess gebunden ist, zu reden. Zudem soll es kurz um die Herausforderungen, denen sich die Theologie der Evangelisierung stellen muss, gehen.

Die Beobachtungen und daraus resultierenden Schlussfolgerungen werden abschließend im fünftel Kapitel zusammengefasst, und an dieser Stelle wird auch ein kleiner Ausblick auf die Zukunft einer Theologie der Evangelisierung gewagt.

1 Der intellektuelle, spirituelle und kirchliche Weg Gutiérrez'

> *„Ich war Christ lange vor der Befreiungstheologie und werde Christ sein auch lange nach der Befreiungstheologie"* – Gustavo Gutiérrez in einem Gespräch.

Wir sind daran gewöhnt, biographische Informationen zusammenzustellen. In ein paar Zeilen können wir die wichtigen „Fakten" über eine Person zusammenfassen: Geburtsdatum, Ausbildung, berufliche Karriere, Veröffentlichungen, Mitgliedschaft in Organisationen, empfangene Ehrungen, usw.[8] Derartige Lebensläufe mögen bei bestimmten Personen hilfreich sein, aber sie helfen uns nicht, Gutiérrez' Leben zu verstehen. Gustavo Gutiérrez Merino-Díaz, geboren am 8. Juni 1928 in Lima (Perú), muss vielmehr in Beziehung zu seiner eigenen Kultur gesehen werden als aus unserer Perspektive dessen, was wir für „wichtig" halten.

1.1 Biographische Daten, die eine Auswirkung auf die Theologie Gustavo Gutiérrez' haben

Im Folgenden wird einigen Aspekten seines Lebenslaufes, die die theologischen Vorstellungen Gutiérrez' geprägt haben, Aufmerksamkeit geschenkt.[9]

- Eine persönliche Erfahrung des Schmerzes und des Leidens: Als er zwölf Jahre alt ist, erkrankt er schwer an Knochenmarksentzündung, was ihn für sechs Jahre ans Bett und an den Rollstuhl fesselt (1940-1946).

- Die Erfahrung aktiven christlichen Lebens: Er studiert vier Jahre lang Medizin; während dieser Zeit (1947-1951) ist er in der männlichen Jugendbewegung der peruanischen „Acción Católica" aktiv.

- Kennenlernen der europäischen Kultur und Theologie: Nach dem Abbruch des Medizin- und Philologiestudiums geht er nach Santiago de Chile, um im Priesterseminar Philosophie zu studieren. Von 1951 bis 1955 belegt er Philosophie und Psychologie an der Universität von Louvaine (Belgien). Anschließend, von 1955 bis 1959, studiert er an der theologischen Fakultät der Universität Lyon, wo er 1985 den Doktorgrad erwirbt, nachdem er die Gesamtheit seiner Schriften vorgelegt und verteidigt hat.

- Verbindung von pastoraler Arbeit und theologischer Forschung: Nach seiner Rückkehr nach Peru im Jahre 1960 arbeitet er in enger Verbindung mit den

---

[8] Für eine solche Biographie Gutiérrez' und seine Werke siehe Anhang 1 und 2.
[9] Übersetzung vom Verfasser. Alle zitierte fremdsprachige Literatur ist vom Verfasser übersetzt. Zum Folgenden vgl. Martínez Gordo, Jesús: La fuerza de la debilidad. La teología fundamental de Gustavo Gutiérrez. Bilbao: Instituto Diocesano de Teología y Pastoral, 1994, 23-24.

Armen und Ausgegrenzten seiner Heimat, wird Berater der UNEC (Nationale Vereinigung der katholische Studenten), fördert die Bewegung christlicher Akademiker und beginnt mit der theologischen Lehre und Forschung. Seit 1971 leitet er die theologischen „Jornadas de Reflexión" (Diskussionstage), die die theologische Fakultät der Katholischen Universität Lima organisiert, und die jedes Jahr zwei Wochen lang Theologen, Akademiker anderer Fachbereiche, Studenten, Pastoralreferenten, sowie Männer und Frauen der Basisgemeinden zusammenbringen. 1975 gründet er das Studienzentrum "Bartolomé de Las Casas" in Lima, welches er auch leitet. Gustavo Gutiérrez wird außerordentlicher Professor von zahlreichen Zentren und internationalen Universitäten. 1980 übernimmt er die pastorale Leitung der Pfarrei Rímac in einem Viertel Limas, wo er immer noch lebt. Im Jahr 2001 tritt er in den Dominikanerorden in Frankreich ein. Man führt verschiedene mögliche Gründe für diesen Eintritt an: einer sei seine Bewunderung für den spanischen Dominikaner Bartolomé de Las Casas. Ein anderer, wahrscheinlicherer Grund sei seine Furcht, dass der Erzbischof von Lima, Kardinal Juan Luis Cipriani (Mitglied von Opus Dei), seine Aktivitäten zensiert oder einschränkt.

- Ständiger Dienst an der Universalkirche aus der einzigartigen Position der lateinamerikanischen Kirche heraus, die durch seine Tätigkeit als junger Experte während des Zweiten Vatikanischen Konzils und seiner Mitarbeit als Berater an der II. Generalversammlung des Lateinamerikanischen Episkopates in Medellín im Jahre 1968 bestätigt wird. Er ist zugleich ständiger Berater der lateinamerikanischen Bischöfe und der peruanischen Bischofskonferenz.

- Seine doktrinalen Auseinandersetzungen mit und seine Infragestellung seitens der eigenen Kirche, die glücklicherweise überwunden sind und auf die Gutiérrez mit Bescheidenheit reagiert: „Ich bevorzuge, mit der Kirche zu gehen anstatt alleine."[10]

- Die äußerst ernste und explosive sozioökonomische, politische und kulturelle Situation, sowohl auf dem lateinamerikanischen Subkontinent als auch im Besonderen in Peru, die ihn dazu zwingt, die Offenbarung und den christlichen Glauben kritisch und originell zu überdenken. Gutiérrez distanziert sich von den an der Entwicklungsideologie orientierten Entwürfen der sechziger Jahre[11] und veröffentlicht 1971 sein Werk „Teología de la Liberación.

---

[10] Biografía de Gustavo Gutiérrez Merino-Díaz. ABC Periódico Electrónico S.L.U. Internet-Adresse:http://www.abc.es /especiales/index.asp?cid=5843 (Download 09.01.2005).

[11] Die Kritik am gängigen Entwicklungskonzept und die Hochkonjunktur des Befreiungsbegriffs inspirierten Gutiérrez dazu, anstelle des Begriffs der Entwicklung den der Befreiung zu verwenden, da dieser geeigneter schien, nicht nur die Hoffnung auf wirtschaftliche Verbesserung auszusagen, welche die Völker des Kontinents hegten, sondern auch die christliche Hoffnung auf Heil und Erlösung. Vgl. Sievernich, Michael: Los caminos de la teología de la liberación. In: Alberigo, Giuseppe u.a.: Teología de la liberación. Cruce de miradas. Coloquio de Friburgo. Lima: CEP, 2000, 56.

Perspectivas"[12], das zum Gründungswerk der gegenwärtigen lateinamerikanischen Theologie – der Befreiungstheologie - ernannt wurde. Darin legte er die Grundzüge dieser neuen Art Theologie zu betreiben dar, ihre Methode, ihren Inhalt und ihre Spiritualität und wird deshalb „Vater der Befreiungstheologie" genannt.

1.2 Inspirationsquellen der Theologie Gutiérrez'

1.2.1 Guamán Poma de Ayala

Zu den lateinamerikanischen Quellen, aus denen Gustavo Gutiérrez entscheidende Inspiration schöpfte, gehört das umfangreiche Werk des inkaischen Adeligen Felipe Guamán Poma de Ayala (1534-1619).

Guamán Poma hatte die Niederwerfung des Inkareiches und die Festigung der spanischen Herrschaft miterlebt, blickte bewundernd auf die neuen Herren des alten Reiches und lernte in den Palästen der Vizekönige die europäischen Kulturtechniken, insbesondere die Schrift, so gut kennen, dass er als Dolmetscher dienen und ein phonetisches Spanisch schreiben konnte. Auch ließ er sich taufen und übernahm die christlichen Ideale mit solcher Inbrunst, dass er sie den christlichen Eroberern wie einen Spiegel vorhalten und sie anklagen konnte, ihre eigenen Glaubensüberzeugungen durch ihr Handeln zu dementieren. Als Grenzgänger zweier Welten versuchte er, die Traditionen der andinen Oralkultur mit der Schriftkultur Europas zu einer neuen Synthese zu verschmelzen. Sein handschriftliches Werk „Nueva Crónica y Buen Gobierno" („Neue Chronik und gute Regierung")[13] ist ein gewaltiges Werk von fast 1200 Seiten und etwa 450 ganzseitigen Federzeichnungen. Wie der Titel schon andeutet, beschreibt das Werk die Kolonialherrschaft und denunziert das schreiende Unrecht, das die autochthone Bevölkerung zu erleiden hat. Eine auffallend große Zahl der Bilder stellt die gewaltsame Seite des Zusammenstoßes der Kulturen dar, die Erniedrigung und Misshandlung der Indios und Negersklaven. Darin spiegeln sich die Erfahrungen wider, die Guamán Poma über 30 Jahre lang unter den Armen machte, als Augenzeuge ihrer Geringschätzung durch die Reichen, immer „auf der Suche nach den Armen Jesu Christi" und nach einem Heilmittel gegen die Ungerechtigkeit.[14]

Diese Perspektive dürfte den Gleichklang zwischen dem Christen des 16. und dem Theologen des 20. Jahrhunderts ausmachen: Beide kennen die Welt der

---

[12] Gutiérrez, Gustavo: Teología de la liberación. Perspectivas. Lima: CEP, 1971 (dt.: Theologie der Befreiung. München: Kaiser, 1973).
[13] Guamán Poma de Ayala, Felipe: Nueva Crónica y buen gobierno. Murra, John; Adorno, Rolena; Urioste, Jorge Luis (Hrsg.), 3 Bde. Madrid, 1987.
[14] Sievernich, Michael: Gezeiten der Befreiungstheologie. In: Delgado, Mariano; Noti, Odilo; Venetz, Hermann-Josef (Hrsg.): Blutende Hoffnung. Gustavo Gutiérrez zu Ehren. Luzern: Edition Exodus, 2000, 100-101.

Armen, erzählen von ihr, finden eine spirituelle Sprache für das Leiden, reflektieren die Armut im Licht des Gottesglaubens und fordern Gerechtigkeit.[15]

1.2.2 Bartolomé de Las Casas

Gutiérrez wendet sich Las Casas zu, dem unerschrockenen Verteidiger der Indianer im 16. Jahrhundert, von dem ein Zeitgenosse schrieb: „Ohne jeden Zweifel bin ich davon überzeugt, dass er in der Herrlichkeit des Himmels einen besonderen Platz hat und mit einer sehr ruhmreichen Krone gekrönt ist: *wegen seines Hungers und Durstes nach Gerechtigkeit,* die er hier verspürte, und wegen des sehr heiligen und bis zu seinem Tod beharrlichen Eifers, mit dem er um Gottes Willen alles ertrug und sich für die Armen und Elenden einsetzte, die ansonsten jeder Gunst und Hilfe entbehrten. Nachahmer hat er viele gefunden, weil er die Wahrheit freimütig sagte."[16]

Seine Studien über diese Gestalt der Weltgeschichte und -literatur kreisen wiederum um die Gottesfrage.[17] In der Nachfolge Jesu hoffte Las Casas auf einen mitleidigen Gott, der als Vater des Erbarmens und Gott allen Trostes (2 Kor 1,3) das kleinste und vergessenste Leid der Geschichte ganz frisch im Gedächtnis hat. Er war von windigen Worten umgeben, auch aus den Kreisen akademischer Theologen und kirchlicher Würdenträger, aber dem kirchlichen Heilsexklusivismus und dem *vae-victis-Gott* seiner Gegner zum Trotz, hoffte er beharrlich auf Gott im Gericht (Mt 25,31f.) als Anwalt der armen Indianer, auch wenn sie ohne Taufe starben und als Besiegte auf der Müllhalde der Geschichte landeten.[18] Kein anderer Las-Casas-Forscher hat seine Hoffnung auf das Gericht so deutlich herausgearbeitet wie Gustavo Gutiérrez: „Und es könnte sein, dass von diesen Indianern, die wir hienieden so sehr verachteten, sich am Tag des Gerichtes zur rechten Hand Gottes mehr finden als von uns."[19] Nur in dieser Hoffnung fand er letztlich Trost angesichts eines Geschichtsverlaufs, der nach dem Gesetz des Stärkeren Berge voller Leichen und eine Landschaft voller Trümmer hinter sich lässt.

Durch die intensive Auseinandersetzung mit Las Casas hat Gutiérrez seine eigene Theologie weiter vertieft. In seinen letzten Werken ist deutlich geworden,

---

[15] Vgl. Sievernich, Michael: Imagination und Reflexion der Befreiung. Die Bilder-Chronik des Felipe Guamán Poma de Ayala und die Theologie der Befreiung in Lateinamerika. In: Schmied, Wieland; Schilling, Jürgen (Hrsg.): Gegenwart Ewigkeit. Spuren des Transzendenten in der Kunst unserer Zeit. Stuttgart, 1990, 47-54.
[16] De Mendieta, Jerónimo: Historia eclesiástica indiana. 2 Bd. Madrid : Biblioteca de autores españoles, 1973, Buch IV, Kap. I : Vol. 2, 12f. Hervorhebungen vom Verfasser.
[17] Vgl. Gutiérrez, Gustavo: En busca de los pobres de Jesucristo. El pensamiento de Bartolomé de Las Casas. Lima: CEP, 1992.
[18] Delgado, M.; Noti, O.; Venetz, H. (Hrsg.): Blutende Hoffnung, a.a.O., 50.
[19] De Las Casas, Bartolomé: Historia de las Indias. In: Ders., Obras completas. Vol. 5, Madrid: Isacio Pérez Fernández,1994, 2398. Zitiert nach: Delgado, M.; Noti, O.; Venetz, H. (Hrsg.): Blutende Hoffnung, a.a.O., 50-51.

dass diese historische Vertiefung seinem befreiungstheologischen Ansatz gut getan hat.

1.2.3 José María Arguedas[20]

Auch weltbekannte peruanische Dichter des letzten Jahrhunderts wie José María Arguedas sind die Schleifsteine, an denen Gutiérrez das unverwechselbare Profil seiner Gottesrede schärft.

Besonders in der Auseinandersetzung mit seinem Freund Arguedas kommt die apologetische Dimension der Theologie Gutiérrez' zum Vorschein. Arguedas, dem Marxisten und „Hoffenden" *sui generis,* der sich 1969 in einer Phase tiefer Depression das Leben nahm und der mit seinen ethnologischen und literarischen Arbeiten bereits zu Lebzeiten eine Ikone, eine Verkörperung der peruanischen Seele war, hat Gutiérrez bekanntlich sein Hauptwerk „Theologie der Befreiung" gewidmet, sowie die zärtlichsten Zeilen, die je seiner Feder entsprungen sind.[21] Arguedas ist in Peru und ganz Lateinamerika ein Stein des Anstoßes geworden. Für seine Verehrer hat er die Kultur und die Mentalität des heutigen lateinamerikanischen Indios wie kein anderer auszudrücken vermocht; für seine Kritiker hat er hingegen die Indiowelt romantisiert und eine „archaische" indigenistische Utopie konstruiert, die er der modernen Welt unversöhnlich entgegenstellt. Als Gutiérrez im Juli 1968 in der peruanischen Hafenstadt Chimbote jenen berühmten Vortrag hielt, der seinem Hauptwerk zugrunde liegt[22], arbeitete Arguedas ebendort an seinem letzten Roman *El zorro de arriba y el zorro de abajo,*[23] in dem die „Kirche der Armen" dann eine Schlüsselrolle spielt.

Arguedas träumte von einem neuen Túpac Amaru als einem andinen Lenin, der die indianischen Massen sammeln und zu einem Leben in Würde – wenn nötig auch zum Kampf gegen die Weißen, die falschen *Viracochas* – führen sollte. Aber in den sechziger Jahren erkannte Arguedas auch, dass der gepredigte „leuchtende Pfad" *(sendero luminoso)* einer marxistischen Anden-Revolution ohne Verbindung mit dem neuen „leuchtenden Pfad" der Kirche der Armen, den Johannes XXIII. eröffnet hatte, ins Leere laufen würde.

Arguedas rang bereits in seinen vor dem Konzil geschriebenen großen Romanen *Los rios profundos* (dt.: Die tiefen Flüsse, 1980) und *Todas las*

---

[20] Zum Folgenden: Delgado, M.; Noti, O.; Venetz, H. (Hrsg.): Blutende Hoffnung, a.a.O., 45-48.
[21] Vgl. Gutiérrez, Gustavo: Entre las Calandrias. Un ensayo sobre José María Arguedas. Lima: IBC-CEP, 1990.
[22] Gutiérrez hielt dort den Vortrag „Hacia una teología de la liberación" und „erfindet" daher den Terminus „Befreiung", der in der Luft lag und auch von anderen katholischen und protestantischen Theologen verwendet wurde.
[23] Arguedas, José María: El zorro de arriba y el zorro de abajo. Buenos Aires: Losada, 1971, posthum erschienen.

sangres (dt.: Trink mein Blut, trink meine Tränen, 1983) mit der Gottesfrage. Im Sinne der prophetischen Götzendienstkritik, die sich die Theologie der Befreiung später zu eigen machen wird, stellte er dem Gott der Herren und dem herrschenden Status quo einen Gott entgegen, der Hoffnung, Freude und Trost der Armen ist. Und er drückte im seinem Testament seine Hoffnung auf den befreienden Gott aus, von dem die neue lateinamerikanische Theologie seit dem Konzil redet.

1.3 Die Originalität der Theologie Gutiérrez'

1.3.1 Theologie als kritische Reflexion auf die historische Praxis

Als Gustavo Gutiérrez 1971 seine Gedanken über die Befreiungstheologie schriftlich fixieren wollte, formulierte er absichtlich: „die Theologie der Befreiung gibt uns vielleicht nicht so sehr ein neues Thema auf als vielmehr eine *neue Art,* Theologie zu betreiben. Theologie als kritische Reflexion auf die historische Praxis ist also eine befreiende Theologie, eine Theologie der befreienden Veränderung von Geschichte und Menschheit und deshalb auch die Umgestaltung jenes Teils der Menschheit, der – als *ecclesia* vereint – sich offen zu Christus bekennt. Theologie beschränkt sich dann nicht mehr darauf, die Welt gedanklich zu ergründen, sondern versucht, sich als ein Moment in dem Prozess zu verstehen, mittels dessen die Welt verändert wird."[24] Das ist das Neue, das Gutiérrez gebracht hat, eine neue Aufgabe für die christliche Reflexion: kritisch im Lichte des Glaubens und der Offenbarung die geschichtliche Praxis überdenken, die Theologie als einen Augenblick eines viel größeren Umwandelungsprozesses der Welt und der Beziehungen in ihr.

Ist der epistemologische Bereich einmal aufgetan, kann die Vernunft ihre Gebäude errichten und sie mit Leben füllen. Ausgehend von diesem neuen Lese- und Verhaltenskodex gliedert Gutiérrez die anderen, vorhergehenden Formen, Theologie zu betreiben, mit ein. Dies ist ein weiterer seiner Verdienste: er konnte bewusst und auf kreative Weise die anderen Formen, Theologie zu betreiben, wertschätzen und mit eingliedern.[25]

Diese Konzeption der theologischen Aufgaben wird uns erlauben die Bedeutung der Theologie aus lateinamerikanischer Perspektive zu sehen. Auf dem lateinamerikanischen Kontinent ist die Dringlichkeit sozialer Veränderung deutlich zu spüren; die Unterdrückten, zum größten Teil gläubig und christlichen Glaubens, rufen nach Befreiung. Vielleicht konnte die Befreiungstheologie nur

---

[24] Gutiérrez, Gustavo: Theologie der Befreiung. 10. Aufl. Mainz : Matthias-Grünewald, 1992, 83. Hervorhebungen im Original.
[25] Vgl. Boff, Leonardo: La originalidad de la teología de la liberación. In: Arns, Paulo Evaristo u.a.: Teología y liberación. Perspectivas y desafíos. Ensayos en torno a la obra de Gustavo Gutiérrez. Bd. I. Lima: IBC-CEP, 1989, 130.

in Lateinamerika entstehen, da nur hier die kulturellen, ideologischen, kirchlichen und sozialen Vorbedingungen für einen solchen Vorgang gegeben waren. Gustavo Gutiérrez lernte diese Wirklichkeit aufgrund seines eigenen Engagements kennen und formulierte die Anforderungen, die eine Befreiungstheologie stellt.[26] Im Folgenden soll es darum gehen, wie er diese neue Art und Weise, Theologie zu betreiben, beschreibt.

1.3.2 Über das Mysterium Gottes sprechen

Es erscheint mir günstig, diesen Abschnitt zu beginnen, indem ich Gutiérrez' Überzeugung aufzeige, nach der jede Theologie ein Wort über Gott enthält; letztendlich Gott das einzige Thema der Theologie begründet.[27]

Gutiérrez ist der Meinung, dass „wir ein Fundament berühren wenn wir von Gott reden, weil wir uns beim tiefsten Grund unseres Glaubens und unseres Daseins einfinden, sowie dem Grund unserer verschiedensten Möglichkeiten, die persönlicher, pastoraler, evangelisierender, spiritueller und politischer Art sind, je nach Gegebenheit. Tatsächlich beziehen wir uns, wenn wir von Gott reden, auf den, der unserem gesamten persönlichen und gemeinschaftlichen Leben einen Sinn gibt."[28]

Der peruanische Theologe weiß nur zu gut, dass „sich der Gott der Bibel als ein Mysterium zeigt."[29] Einer gesunden Theologie muss bewusst sein, dass sie etwas Schwieriges zu erreichen versucht, indem sie über das göttliche Mysterium nachdenkt und spricht. Man muss sich Gottes Mysterium respektvoll und bescheiden nähern. Es handelt sich um eine Haltung, die sich nicht den Diskursen anschließt, die vorgeben, alles über zu Gott zu wissen. Bei einer Gelegenheit sagt Gutiérrez im Tonfall der Ironie, dass er schon immer diejenigen Philosophen und Theologen beneidet habe, die über Gottes Gedanken und Willen sprechen, als würden sie jeden Tag mit ihm frühstücken.[30]

Es müsste folgendes hervorgehoben werden: Wenn Gutiérrez Gott als „Objekt" der Theologie bezeichnet, besteht zugleich die Notwendigkeit, das göttliche Mysterium, zu dem wir durch Jesus Christus Zugang bekommen haben, weiterzuvermitteln. Gutiérrez erinnert sich an die folgende Frage, die ihm sein Freund, der peruanische Schriftsteller José María Arguedas, stellte: „Ist das, was wir wissen, soviel weniger als die große Hoffnung, die wir fühlen, Gustavo?"[31] Er zeigt, dass die Frage für den, der an Jesus glaubt, eine klare, positive

---

[26] Ebd., 130-131.
[27] Vgl. Gutiérrez, Gustavo: La verdad los hará libres. Confrontaciones. Lima: IBC-CEP, 1986, 11.
[28] Ders.: El Dios de la vida. Lima: PUCP, 1982, 5.
[29] Ebd., 5.
[30] Gutiérrez, G.: Densidad del presente. Selección de artículos. Lima: IBC-CEP, 1996, 255.
[31] Ders.: Entre las calandrias, a.a.O., 82.

Antwort enthält[32], denn Gott ist in Wirklichkeit mehr Objekt der gottesfürchtigen Hoffnung als des Wissens.

Genau das ist es, was ich zum Abschluss dieses Abschnittes verdeutlichen möchte, nämlich dass die Theologie Gutiérrez' ihre Wurzel im göttlichen Mysterium hat, welches sich durch Jesus Christus im Leben der Armen offenbart, die für ihre Befreiung in der Welt von heute kämpfen.

1.3.3 Befreiung als umfassender Begriff

Angesichts der Richtung, die die an der Entwicklungsideologie orientierten Entwürfe der sechziger Jahren nahmen, – der Zeit in der Gutiérrez anfing, sein Denken in Worte zu fassen –, scheint es, dass die Rede vom „Prozess der Befreiung" weitergehender, zutreffender und reicher an menschlichen Inhalten ist.

Zudem hat der Begriff „Befreiung" einen tiefen theologischen Gehalt. Die Erfahrung des Übergangs von der Sklaverei zur Freiheit des Volkes Israel, wie sie im Buch Exodus geschildert wird, wird als paradigmatisch in anderen Büchern der Bibel aufgegriffen. Paulus drückt dieselbe Erfahrung als den Übergang vom „Alten Menschen" (Adam) zum „Neuen Menschen" (Christus) aus.

Gutiérrez unterscheidet verschiedene Ebenen oder Dimensionen des Wortes „Befreiung" und beschreibt deren Verhältnis zueinander ebenso exakt wie nuanciert. Zunächst bringt das Wort „Befreiung" die Sehnsucht der Völker, Klassen und unterdrückten gesellschaftlichen Schichten zum Ausdruck und betont den konflikthaften Charakter des wirtschaftlichen, gesellschaftlichen und politischen Prozesses, den ihnen die reichen Völker und die herrschenden Schichten aufzwingen (erste Ebene). Dann geht es darum, die Geschichte als Befreiungsprozess des Menschen zu begreifen und so den notwendigen Horizont der gesellschaftlichen Veränderungen zu erschließen. Das Erreichen einer echten und schöpferischen Freiheit führt konsequent zur Schaffung eines neuen Menschen und einer qualitativ anderen Gesellschaft (zweite Ebene). Weiterhin verweist uns das Wort „Befreiung" sehr schnell auf die biblischen Quellen: „Christus, der Erlöser, befreit den Menschen von der Sünde, die die letzte Ursache jedes Bruchs von Freundschaft, jeder Ungerechtigkeit und Unterdrückung ist. Christus macht in Wahrheit frei, d.h. er ermöglicht ein Leben in Gemeinschaft mit ihm, der die Grundlage aller Geschwisterlichkeit ist"[33] (dritte Ebene).

Gutiérrez betont, dass *Befreiung in Christus* ein unverdientes Geschenk ist, das bis an die letzte Ursache aller Sklaverei, bis an die Sünde, rührt. *Befreiung in Christus* ist ein umfassendes Geschehen, das die verschiedenen Seiten des Menschen umgreift, so dass dieser ohne jedes eigene Dazutun als Kind Gottes adoptiert wird. Die Einheit der so verstandenen Befreiung erwächst

---

[32] Ders.: Hablar de Dios desde el sufrimiento del inocente. Una reflexión sobre el libro de Job. Lima: IBC-CEP, 1986, 12.

[33] Gutiérrez, G.: Theologie der Befreiung, a.a.O., 104.

letztlich aus der Gemeinschaft mit Gott und den Mitmenschen. Dessen ungeachtet muss man bei dieser Art von Befreiung die drei bereits erwähnten Dimensionen bzw. Ebenen unterscheiden; wir dürfen nichts verwechseln. Doch die Unterscheidung dient der Einheit. Einheit indes bedeutet nicht die Summe der Teile, sondern bedeutet den alles orientierenden und entscheidenden Pol, der dem Ganzen Sinn gibt: die heilsschaffende Liebe Gottes, der sich in Jesus geoffenbart hat. Nur: Auf Gottes Ruf ungeschuldeter Liebe, für den es weder irgendeine Zwangsläufigkeit noch irgendeine Bedingungslogik aufgrund eines menschlichen Verdienstes gibt, antworten die Menschen frei und definitiv, indem sie ihn annehmen oder ablehnen.[34]

1.3.4 Die Theologie als zweiten Akt

Gutiérrez fragt sich, wie man einen Weg finden kann, um von Gott zu sprechen. Von Anfang an galt in der Theologie Gutiérrez', dass „der erste Akt das Engagement für den Befreiungsprozess ist und dass die Theologie als zweiter Akt erst danach kommt."[35] Dieser Standpunkt wird in seinem Buch „Aus der eigenen Quelle trinken" vertieft: „Der Diskurs über den Glauben ist hinsichtlich des lebendigen Glaubens selbst ein sekundäres Moment. Das ist ein zentraler methodologischer Punkt in der Theologie der Befreiung. Damit sollen diese beiden Aspekte nicht getrennt werden (was nicht möglich ist). Es geht bloß darum, daran festzuhalten, dass eine echte theologische Reflexion ihre Wurzeln in der Kontemplation und in der Praxis hat. Das Sprechen über Gott (Theo-logie) kommt nach dem Schweigen der Anbetung und des Engagements."[36]

Im Gesagten bemerkt man, dass Gutiérrez daran interessiert ist, eine Theologie vorzuschlagen, die verbunden ist mit der Praxis als erstem Akt des Glaubens. Er sucht die überwiegend spekulative Wahrnehmung der Theologie zu überwinden. Man sollte sich darüber im Klaren sein, dass Gutiérrez nicht nur eine praktische Theologie vorschlägt, sondern dass er einen qualitativen Sprung macht, wenn er in der Praxis der Befreiung den hermeneutischen Ort erkennt, von dem aus und an dem sich die theologische Reflexion orientiert, so dass die Theologie angemessen ihre evangelisierende Funktion realisieren kann.[37]

Wenn wir einen Gedankenschritt weiter gehen, zeigt sich, dass sich diese Unterscheidung zwischen einem ersten und einem zweiten Akt nicht auf eine methodologische Fragestellung beschränkt, sondern dass sie auch eine Angelegenheit des Lebensstils ist, eine Art und Weise, den Glauben zu leben. Letztlich handelt es sich um eine Angelegenheit der Spiritualität im tiefen Sinne. Nun

---

[34] Ebd., 104-105. Hervorhebung vom Verfasser
[35] Gutiérrez, G.: Die historische Macht der Armen. Mainz: Matthias-Grünewald, 1984, 168.
[36] Gutiérrez, G.: Aus der eigenen Quelle trinken. Spiritualität der Befreiung. Mainz: Matthias-Grünewald, 1984, 150.
[37] Manzanera, Miguel: Teología, salvación y liberación en la obra de Gustavo Gutiérrez. Bilbao: Deusto, mensajero, 1978, 288f.

versteht man, warum Gutiérrez geschrieben hat: „unsere Methodologie ist unsere Spiritualität"[38]; dieses fundamentale Thema werden wir später wieder aufnehmen.

1.3.5 Vom „nicht-gläubigen Mensch" zum „Nicht-Mensch"

Während der Gesprächspartner der europäischen Theologie der aufgeklärte, nicht-gläubige Mensch ist, ist der Gesprächspartner der Theologie Gutiérrez' der Nicht-Mensch, der Arme und Ausgebeutete, derjenige, der systematisch seines Rechtes beraubt wird, Mensch zu sein.

Mit dem Wechsel der Gesprächspartner vollzieht sich zugleich ein Paradigmenwechsel. Angesichts der „Nichtglaubenden" versucht die europäische Theologie, den Gottesglauben theoretisch vor dem Forum der Vernunft zu rechtfertigen, während die lateinamerikanische Theologie, von den „Nichtmenschen" herausgefordert, den Glauben an den Gott des Lebens praktisch vor dem Forum der Liebe zu rechtfertigen sucht.[39] Gutiérrez schreibt: „Der Nicht-Mensch stellt nicht in erster Linie unsere religiöse Welt in Frage, sondern unsere wirtschaftliche, gesellschaftliche, politische und kulturelle Welt; und deshalb ist er ein Ruf nach revolutionärer Veränderung der Grundlagen einer Gesellschaft, die Unmenschlichkeit hervorbringt. Die Frage ist deshalb nicht, wie man in einer mündig gewordenen Welt von Gott redet, sondern vielmehr, wie man Gott in einer unmenschlichen Welt als Vater verkündet. Was bedeutet es, dem Nicht-Menschen zu sagen, dass er Gottes Kind ist?"[40]

1.3.6 Aus der Perspektive der Armen

Die Theologie Gustavo Gutiérrez' bzw. die Theologie der Befreiung reflektiert mithin die Gottesfrage, tut dies aber bewusst in einer besonderen Perspektive, sie fragt nach Gott aus der Perspektive der Armen, „desde los pobres". Dieser Wechsel der Perspektive kann als hermeneutischer Schlüssel für das Verständnis der Theologie der Befreiung gelten. Wie der brasilianische Theologe João B. Libânio bemerkt, ist ihr Bezugspunkt nicht das „moderne Ich", sondern der „arme Andere".[41] Daher ist die Befreiungstheologie an der „Geschichte des anderen" (historia del otro) interessiert, die eine „andere Geschichte" darstellt, nämlich deren „Rückseite" (reverso de la historia), wo die zu überleben versuchen, „die in der Geschichte nirgends vorkommen".[42] Es sind die unter sozioökonomi-

---

[38] Gutiérrez, G.: Die historische Macht der Armen, a.a.O., 75.
[39] Boff, Leonardo: Werkbuch. Theologie der Befreiung. Anliegen-Streitpunkte-Personen. Düsseldorf: Patmos, 1988, 174.
[40] Gutiérrez, G.: La fuerza histórica de los pobres. Lima: CEP, 1979, 102.
[41] Libânio, João Batista: Europäische und lateinamerikanische Theologie. Unterschiedliche Perspektiven. In: Sievernich, Michael, Impulse der Befreiungstheologie für Europa. München: Kaiser, 1988, 139-158, 149.
[42] Gutiérrez, G.: Die historische Macht der Armen, a.a.O., 148.

schem Aspekt Armen, die unter äußerst miserablen Bedingungen existieren müssen und bei denen nicht einmal das Existenzminimum gesichert ist. Es sind die Bewohner der im Urbanisierungsprozess zunehmenden und wachsenden Elendsviertel *(barriadas, villas de miseria, favelas, pueblos jóvenes)*, aber auch die indigenen Völker und die Afroamerikaner, denen wirtschaftliche, kulturelle und politische Partizipation weitgehend vorenthalten wird.

Man sollte die Kühnheit Gutiérrez' loben, den Glauben von denen her zu verstehen, die in der Geschichte unten sind, während häufig der Glaube von denen her gedacht wurde, die immer oben sind. Es handelt sich um eine Perspektive, die seine ganze Forderung enthält, weil die Wahrnehmung der Alterität des Armen und Unterdrückten (vom sozialen, ethnischen, kulturellen und geschlechtsspezifischen Standpunkt aus) erlaubt zu verstehen, wie man im Armen – in einer Ausbeutungssituation und im Kampf für Gerechtigkeit – einen tiefen Sinn für Gott finden kann.[43]

1.4 Die Übernahme und Weiterführung des Zweiten Vatikanischen Konzils in Lateinamerika

Das Zweite Vatikanischen Konzil, seine Übernahme und Weiterführung in Lateinamerika kennzeichnen den kirchlichen Weg Gustavo Gutiérrez'. Umgekehrt bedeutet seine direkte oder indirekte Teilnahme an diesen Begebenheiten einen fundamentalen Beitrag zur theologischen Reflexion. Es ist unmöglich, die Tiefe und den Einfluss seines theologischen Denkens zu verstehen, ohne mit ihm auf seinem Weg zu gehen. Man muss ihn, sei es nur ein kurzes und einfaches Stück, auf diesem kirchlichen Weg, angefangen beim Konzil bis zum heutigen Tag hin, begleiten.

Gustavo Gutiérrez kann über das Zweite Vatikanische Konzil und den dadurch beschleunigten Erneuerungsprozess der Kirche Lateinamerikas mit Sachkenntnis berichten. Am Konzil war er als theologischer Berater seines Bischofs, Kardinal Landázuri, beteiligt. In den Ereignissen der darauffolgenden Jahre war er eine der maßgebenden Kräfte sowohl durch sein pastorales Wirken vor Ort auf verschiedensten Ebenen als auch durch wertvolle Anstöße zur Entwicklung einer theologischen Reflexion, die den besonderen Umständen der Kirche in Lateinamerika und den ihr gestellten Herausforderungen Rechnung trägt. Die Vollversammlungen der lateinamerikanischen Bischöfe, in denen die Grundlinien dieses Prozesses festgelegt wurden, haben ihm viel zu verdanken.[44]

---

[43] Gutiérrez, G.: Densidad del presente, a.a.O., 279.
[44] Gutiérrez, Gustavo: Das Zweite Vatikanische Konzil und die Kirche Lateinamerikas. In: Bischöfliche Aktion Adveniat. Nr. 12. Essen, 1986, 3. Über die Übernahme und Weiterführung des Zweiten Vatikanischen Konzils in Lateinamerika vgl. Klinger, Elmar: Armut: Eine Herausforderung Gottes. Der Glaube des Konzils und die Befreiung des Menschen. Zürich: Benzinger, 1990.

Das Zweite Vatikanische Konzil war ohne Frage das größte Ereignis der katholischen Kirche in den letzten Jahrhunderten dar. Karl Rahner schlug vor einigen Jahren vor, das Konzil im Rahmen des Verständnisses der Kirchengeschichte theologisch zu deuten. Seine These war die Behauptung, dass das Zweite Vatikanische Konzil der Beginn „der Entdeckung und Verwirklichung der Kirche als Weltkirche" ist.[45] Dieses Verständnis der Kirche als einer weltweiten Kirche ist grundlegend für die künftige Entwicklung der Ekklesiologie angesichts Lateinamerikas.

Je mehr Zeit verstreicht und wir das Konzilsereignis aus einer gewissen Entfernung betrachten, um so mehr gewinnt die Gestalt Johannes XXIII. an Bedeutung. Schon bei der ersten Ankündigung des Konzils stoßen wir bei Johannes XXIII. auf einen Punkt, der sich später als eine seiner festen Überzeugungen erweist: die Notwendigkeit, auf die Zeichen der Zeit zu achten, wenn wir als Kirche das Evangelium Jesu Christi verkünden wollen. Hinzu kommt noch die Dringlichkeit, eine angemessene Ausdrucksweise zu finden, damit die Botschaft der heutigen Menschheit verständlich wird. Man könnte sagen, dass er den Konzilsteilnehmern in den verschiedenen vorausgehenden Reden drei große Themen vorgeschlagen hat: die Öffnung zur modernen Welt, die Einheit der Christen und die Kirche der Armen, über die er sagte: „Gegenüber den unterentwickelten Ländern stellt sich die Kirche so dar, wie sie ist und wie sie sein will, als Kirche aller Menschen und insbesondere als Kirche der Armen." (Botschaft vom 11.9.1962).[46]

1.4.1 Medellín[47]

Im Jahre 1955 wurde der CELAM (Consejo Episcopal Latinoamericano), die lateinamerikanische Bischofsversammlung, gegründet. In jenem Jahr wurde eine Versammlung aller Bischöfe Lateinamerikas unter dem Vorsitz des umtriebigen Kardinal Larraín aus Chile abgehalten. Es kam nicht zu allzu großen Ergebnissen, aber eine neue Struktur war geschaffen; als die Zeit reif dafür war, sollte eine Reihe weiterer Treffen veranstaltet werden, diesmal mit vielen Ergebnissen. Denn nach dem Zweiten Vatikanum war angeordnet worden, Regionalkonferenzen der Bischöfe abzuhalten, um die Probleme der jeweiligen Regionen mit dem Konzil in Verbindung zu bringen.

Medellín in Kolumbien war der Schauplatz der zweiten Zusammenkunft des CELAM 1968, um „Die Kirche in der gegenwärtigen Umwandlung

---

[45] Ebd., 7.
[46] Zitiert nach: Gutiérrez, G.: Das Zweite Vatikanische Konzil und die Kirche Lateinamerikas, a.a.O., 17.
[47] Zum Folgenden: McAfee Brown, Robert: Gustavo Gutiérrez. An introduction to Liberation Theology. Maryknoll: Orbis Books, 1990, 11-14.

Lateinamerikas im Lichte des Konzils" zu diskutieren.[48] Im Laufe der Treffen wurde der Titel de facto umgestellt: die wirkliche Tagesordnung wurde „Die gegenwärtige Umwandlung des Konzils im Lichte Lateinamerikas". Das heißt, das Konzil hatte aus lateinamerikanischer Sicht eine andere Botschaft als die, die in Rom ursprünglich verstanden wurde. Denn die „universellen" Themen des Konzils waren in sehr europäische Termini gebettet – eine Tatsache, die den lateinamerikanischen Bischöfen nicht entgangen war, die in Medellín dazu übergingen, auf die Äußerungen des Konzils derart aufzubauen, dass die lateinamerikanische Realität selbst verändert würde.

Medellín und das Zweite Vatikanum brachten jeweils sechzehn Schriften hervor. Die Medellín-Schriften „Frieden", „Gerechtigkeit", „Armut" und „Erziehung" sind die bedeutendsten. In Medellín war Gutiérrez als „theologischer Fachmann" zugegen, und man kann sagen, dass Dank seiner Anwesenheit viele der Anliegen eine Befreiungsperspektive in die Medellin-Schriften brachten. Als Beispiel kann die Schrift „Frieden" benutzt werden,[49] weil man in ihr die feine Hand Gutiérrez' ausmachen kann. Schon in der Struktur des Dokuments (und, in der Tat, aller Medellín-Schriften) ist eine neue theologische Methode erahnbar: a) eine Analyse der gegenwärtigen Situation Lateinamerikas (Sehen), b) eine doktrinale Reflexion (Urteilen) und c) pastorale Schlussfolgerungen (Handeln). Die Analyse der Situation Lateinamerikas beschreibt „Klassenspannungen", das Resultat „innerer Kolonialisierung", die auf der Marginalisierung vieler Gruppen beruht und der radikalen Verschiedenheit und Ungleichheit der Armen und Reichen. Angesichts dieser ungerechten Situation befasst sich die Schrift dann mit der doktrinalen Reflexion und es werden Gedanken über „institutionalisierte Gewalt" wiedergelegt: „Wenn der Christ an die Fruchtbarkeit des Friedens glaubt, um zur Gerechtigkeit zu gelangen, glaubt er auch, dass die Gerechtigkeit eine unumgängliche Bedingung für den Frieden ist. Er übersieht nicht, dass sich Lateinamerika in vielen Gebieten in einer Situation der Ungerechtigkeit befindet, die man institutionalisierte Gewalt nennen kann. Eine solche Situation erfordert vollständige, kühne, dringende und tiefgreifend erneuernde Umwandlungen." (Medellín, Frieden 16)[50]

Medellín wurde als die Konferenz bekannt, auf der die Kirche sich entschied, auf der Seite der Unterdrückten zu stehen, die politischen und ökonomischen Strukturen Lateinamerikas als Verursacher der Ungerechtigkeit zu attackieren, auf die ungerechte Abhängigkeit Lateinamerikas von äußeren Mächten aufmerksam zu machen und zu radikaler Veränderung auf dem Konti-

---

[48] Vgl. Die Kirche Lateinamerikas: Dokumente der II. und III. Generalversammlung des Lateinamerikanischen Episkopates in Medellín und Puebla. In: Sekretariat der Deutschen Bischofskonferenz (Hrsg.). Bonn, 1979 (Stimmen der Weltkirche 8), 22-133.
[49] Ebd., 31-40.
[50] Ebd., 36-37. Die Zitaten nach den Dokumenten von Medellín werden folgenderweise zitiert: (Medellín, Name des Kapitels, Nummer des Paragraphen).

nent aufzurufen. Und die Bischöfe weigerten sich standhaft, die ungerechte Ordnung gut zu heißen. Wirklich ein Durchbruch!

1.4.2 Puebla

In der Zeit zwischen den Bischofskonferenzen von Medellín (1968) und Puebla[51] (1979) machten die Konservativen im CELAM entschlossene Anstrengungen, die Errungenschaften Medellins durch ein Bombardement von Flugblättern, Büchern und Konferenzen aufzuheben. Aber während die Basisgemeinden aufblühten, mussten die konservativen Gruppen ihre Kräfte ordnen, um sich der offenkundigen Herausforderung der alten Autoritätsmuster und der Infragestellung der stillschweigenden Zustimmung zum Status Quo entgegenzustellen. Denn das Heranwachsen einer selbstbewussteren Bewegung, bekannt als Befreiungstheologie, – mit ihrer Betonung auf die Stärkung der Armen und ihrer Option für ein kämpferisches Engagement in der Gesellschaft – wies darauf hin, dass neue Kräfte aufgetreten waren, die sofort zurückgedrängt werden mussten, sollten sie nicht die überlieferten Muster des lateinamerikanischen Lebens unterminieren. Die Konservativen ergriffen Maßnahmen.[52]

Die relative Leichtigkeit, mit der Gutiérrez und seine Freunde offiziellen Zugang in Medellin bekamen, und das Maß, in dem ihre Belange in den offiziellen Dokumenten Eingang fanden, trugen zweifelsohne zu der Entscheidung des Generalsekretärs des CELAM, Erzbischof López Trujillo, bei, eine Wiederholung einer solchen „Katastrophe" in Puebla zu verhindern. Daraus resultierte, dass die Liste der offiziell Ausgeschlossenen ein wirkliches „Who's Who" der lateinamerikanischen Befreiungstheologie darstellte. Außer Gustavo Gutiérrez standen auf der Liste der offiziell unerwünschten Persönlichkeiten: Juan Luis Segundo, Hugo Assmann, Jon Sobrino, Ignacio Ellacuría, Raúl Vidales, Enrique Dussel, Segundo Galilea, Pablo Richard und José Comblin. Von den wirklich wichtigen Personen war offiziell niemand dabei.[53]

Wie Moises Sandoval jedoch in seinem lebhaften Bericht anmerkt, baten die progressiven Bischöfe in vielen Fällen ihre Theologen und Sozialwissenschaftler doch mitzukommen, obwohl ihnen untersagt worden war, ihre eigenen Experten mitzubringen, da Rom alle Theologen, die zugelassen wurden, ausgewählt hatte. Mit dem Ergebnis, dass ungefähr vierzig Theologen und Sozialforscher einwilligten zu versuchen, den fortschrittlichen Bischöfen zu helfen. Die Gruppe bereitete vierundachtzig Grundsatzreferate für die einundzwanzig Kommissionen vor, während die Dokumente viermal überarbeitet wurden. Sandoval schätzt, dass etwa fünfundzwanzig Prozent des endgültigen Doku-

---

[51] Ebd., 137-356. Die Zitaten nach den Dokumenten von Puebla werden folgenderweise zitiert: (Puebla Nummer des Paragraphen).
[52] McAfee Brown, Robert: Gustavo Gutiérrez. An introduction to Liberation Theology, a.a.O., 14.
[53] Ebd., 38.

ments von diesen nicht eingeladenen Helfern geschrieben wurden, in Texten, die von wohlwollenden Bischöfen durch die Kontrollen gebracht wurden.[54] Allerdings handelt es sich bei der Arbeit der Gruppe nicht um eine Art „Parallelpuebla", wie böse Zungen behaupteten, sondern es war ein Dienst an der Kirche und ein unschätzbarer, wenn auch indirekter, theologischer Beitrag.[55]

Der Kern der Botschaft und Ausrichtung Pueblas betrifft zentrale Fragen der Theologie von Gustavo Gutiérrez und der Befreiungstheologie und stellt somit eine kritische Bestandsaufnahme derselben dar: die Realitätsanalyse Lateinamerikas aus Sicht der Pastoral, die Mission der Kirche als befreiende Evangelisierung, die Unterstützung der Basisgemeinden und die vorrangige Option für die Armen.[56] Besonders dieses letzte Thema ist vor Puebla im Schreiben der peruanischen Bischöfe erwähnt. Der pastorale Charakter ist überwiegend der theoretischen Vorarbeit von Gustavo Gutiérrez zu verdanken. Er selbst brachte das Thema in die Diskussion, als er das vorbereitende Dokument des Treffen kritisierte und fragte: „Die Armen: sind sie Protagonisten ihrer Geschichte oder Objekt des Assistenzialismus?"[57]

1.4.3 Santo Domingo

In Lateinamerika wurde die Kirche Anfang der neunziger Jahre besonders von den zwei Ereignissen des *Quinto Centenario* und der IV. Generalversammlung des lateinamerikanischen Episkopats geprägt. Der *Quinto Centenario,* das 500-Jahr-Gedenken der europäischen Entdeckung Amerikas, löste eine Welle von Untersuchungen und Auseinandersetzungen aus.[58] „Hierbei ging es sowohl um die historische Aufarbeitung des prekären Wechselverhältnisses von europäischer Expansion und christlicher Mission als auch um die Wirkungsgeschichte dieser Begegnung und ihre gegenwärtige Bedeutung insbesondere für das Verhältnis zu den indianischen und afroamerikanischen Kulturen."[59] Dieses Gedenkjahr ließ auch die Befreiungstheologie darüber nachdenken, welche Vorläu-

---

[54] Eagleson, John; Scharper, Phillip (Hrsg.): Puebla and Beyond. Maryknoll: Orbis Books, 1979, 35.
[55] Torres, Sergio: Itinerario intelectual y espiritual de G. Gutiérrez. In: Sobrino, Jon u.a.: Teología y liberación. Escritura y espiritualidad. Ensayos en torno a la obra de Gustavo Gutiérrez. Bd. II. Lima: IBC-CEP, 1990, 206.
[56] Oliveros, Roberto: Teología de la liberación: su génesis, crecimiento y consolidación (1968-1988). In: Arns, Paulo Evaristo u.a.: Teología y liberación. Perspectivas y desafios. Ensayos en torno a la obra de Gustavo Gutiérrez. Bd. I. Lima: IBC-CEP, 1989, 99-101.
[57] Vgl. Gutiérrez, Gustavo: Sobre el Documento de Consulta para Puebla. In: Páginas. Lima: CEP, Band III, Nr. 16-17, 1978.
[58] Vgl.: Sievernich, Michael; Spelthahn, Dieter (Hrsg.): Fünfhundert Jahre Evangelisierung Lateinamerikas. Geschichte, Kontroversen, Perspektiven. Frankfurt a. M., 1995.
[59] Delgado, Mariano; Noti, Odilo; Venetz, Hermann-Josef (Hrsg.): Blutende Hoffnung. Gustavo Gutiérrez zu Ehren. Luzern: Edition Exodus, 2000, 110.

fer in der Kirchengeschichte des Kontinents zu finden sind und wie die Kirche jeweils auf die Sehnsucht nach Befreiung reagierte.

Am historisch bedeutsamen Ort Santo Domingo fand im Gedenkjahr 1992 auch die IV. Generalversammlung des lateinamerikanischen Episkopats statt, deren Schlussdokument den Titel *Nueva evangelización, promoción humana, cultura cristiana*[60] trägt und die Befreiungsrhetorik im Gegensatz zum Dokument von Puebla stark zurücknimmt. Das Wort „Befreiung" wird insgesamt nur fünfmal erwähnt. Gleichwohl sind wesentliche Stücke befreiungstheologischer Inspiration im Dokument präsent, wie etwa die vorrangige Option für die Armen und deren Identifizierung mit dem leidenden Christus (SD 178ff, 296)[61], oder die als Zeichen der Zeit erkannten Probleme der Menschenrechte, der Ökologie, der Landfrage, der Solidarität, der Migration, der demokratischen Ordnung, der neuen Wirtschaftsordnung und der Integration Lateinamerikas (SD 164-209).[62]

Als neue Herausforderungen nennt das Dokument die Wertschätzung der indigenen, afroamerikanischen und Mestizen-Kulturen (SD 243-251).[63] Diese neue Perspektive, dass die Armen nicht nur arm sind, sondern auch Kultur und Religion haben, ist fundamental. Ein wichtiger Faktor für die Wertschätzung der Kulturen aller Völker war, dass die Befreiungstheologie gewissermaßen einmal um den Globus wanderte und sich im Kontext afrikanischer und asiatischer Kulturen mit neuen Farben und Fragestellungen anreicherte. Die Stimmen der lange marginalisierten indianischen und afroamerikanischen Kulturen sowie die Stimme der Frauen und ihre Art, Theologie zu betreiben, stellen die Theologie Lateinamerikas vor eine neue Herausforderung: die inkulturierte Evangelisierung und das *principium liberationis* (Jon Sobrino) in neuen Anverwandlungen, Fragestellungen und Konstellationen zur Geltung zu bringen.[64] Eine Antwort auf diese Herausforderung ist die Reflexion über das indianische Antlitz Gottes.[65]

Santo Domingo weist auf eine unübersehbare Tatsache hin, die auf den ersten Blick bestätigt werden kann: die wachsende Verarmung der Mehrheit der Bevölkerung Lateinamerikas. Der Schrei der Armen, den Medellin herausstellt und den Puebla „deutlich wachsend, heftig und in einigen Fällen bedrohend"

---

[60] Dokument von Santo Domingo. Vierte Generalversammlung der lateinamerikanischen Bischöfe. Schlussdokument Neue Evangelisierung, Förderung des Menschen, Christliche Kultur. In: Sekretariat der Deutschen Bischofskonferenz (Hrsg.): Stimmen der Weltkirche 34. Bonn, 1993. Die Zitaten nach dem Dokumenten von Santo Domingo werden folgenderweise zitiert: (SD Nummer des Paragraphes).
[61] Ebd., 119ff, 159.
[62] Ebd., 113-129.
[63] Ebd., 141-144.
[64] Vgl. Silber, Stefan: Die Befreiung der Kulturen. Der Beitrag Juan Luis Segundos zur Theologie der inkulturierten Evangelisierung. Frankfurt a. M.: Peter Lang, 2002.
[65] Vgl. Marzal, Manuel: Rostros indios de Dios: los amerindios cristianos. Quito: Abya-Yala, 1991; dt. Schreijäck, Thomas (Hrsg.): Die indianischen Gesichter Gottes. Frankfurt a. M., 1992.

nennt, ist heute ohrenbetäubend geworden. Die Armut, so wird in Santo Domingo bestätigt, in der „ Millionen unserer Brüder und Schwestern leben, die bis ins untolerierbar extreme Leid reicht, ist die verheerende und entwürdigende Geißel, die Lateinamerika und die Karibik erlebt. Dies ist ein Grund mehr, sich vorrangig für die Armen zu entscheiden.[66]

1.4.4 Anfechtung und Unterstützung. Die Anwendung des „Programms"

Wir haben weder das Ansinnen noch die Möglichkeit, hier die Geschichte der Anfeindung, deren Opfer die Befreiungstheologie – und mit ihr Gustavo Gutiérrez – von Anfang an geworden ist, in alle Einzelheiten und Eigenheiten nachzuzeichnen. Hier soll lediglich deutlich werden, dass Abwehr und Widerspruch, Befehdung und Gegnerschaft die ständigen Begleiter der Theologie Gutiérrez' sind. Der Verdacht und die Infragestellung seiner Theologie seitens der eigenen Kirche, der er mit all seine Hingabe und Leidenschaft dient, waren für Gutiérrez zweifellos sehr schmerzhaft. Es stellt sich die Frage: wie war er kritikwürdig geworden?

Der Zuwachs an Veröffentlichungen und die in Erscheinung tretende Gruppe junger Befreiungstheologen, die seit Puebla auftreten und neue Impulse geben, führten zu einem neuen Niveau der Auseinandersetzung mit der Befreiungstheologie. Die Glaubenskongregation, deren Vorsitzender Kardinal Ratzinger ist, stellte Nachforschungen an und erfuhr von Beschwerden bezüglich lateinamerikanischer Theologen und ihrer Werke, v.a. ging es um Gustavo Gutiérrez und Leonardo Boff.[67]

Lange Anklagelisten, in denen es gewöhnlich um angebliche Verkürzungen des Glaubens um politischer Ziele willen oder um das gefährliche Sympathisieren mit der Ideologie des Marxismus ging, wurden Gutiérrez übergeben, die er dann ausführlich durch Zitate aus seinen Schriften widerlegen musste. (Es war zu dieser Zeit, dass Gutiérrez trocken anmerkte: „Sie haben eine neue Art Folter für mich erfunden. Sie haben mich gezwungen, meine eigenen Bücher viele Male zu lesen").[68]

Zudem kommt es soweit, dass die peruanische Bischofskonferenz den „Vater der Befreiungstheologie" in Zweifel zieht. Im Februar 1983 bekommt sie einen Brief von der Glaubenskongregation, der um eine kritische Überprüfung der theologischen Positionen Gutiérrez' bittet. Anbei liegt ein Dokument, das den Titel „Observaciones sobre la Teología de la Liberación de Gustavo

---

[66] Gutiérrez, Gustavo: Una agenda. La IV Conferencia de Santo Domingo. In: Ders., Densidad del presente, a.a.O., 196.
[67] Oliveros, Roberto: Teología de la liberación: su génesis, crecimiento y consolidación (1968-1988). In: Arns, Paulo Evaristo u.a. : Teología y liberación. Perspectivas y desafíos. Ensayos en torno a la obra de Gustavo Gutiérrez. Bd. I. Lima: IBC-CEP, 1989, 102.
[68] McAfee Brown, Robert: Gustavo Gutiérrez. An introduction to Liberation Theology. Maryknoll: Orbis Books, 1990, 42.

Gutiérrez" (Anmerkungen zur Befreiungstheologie von Gustavo Gutiérrez) trägt, in dem zehn schwere Anklagepunkte bezüglich seiner doktrinalen Orthodoxie zusammengefasst werden und in dem sein christliches, priesterliches und kirchliches Zeugnis in Frage gestellt werden.[69]

Gustavo Gutiérrez reagierte mit Bescheidenheit und Gehorsam gegenüber der Katholischen Kirche, aber gleichzeitig begann ein Prozess des Dialoges, der Klärung und der Verteidigung seiner theologischen Positionen, die es ihm letztendlich erlaubten, seine Orthodoxie zu beweisen und auf diese Weise die Zustimmung der peruanischen Bischofskonferenz zu erhalten.

Außerdem konnte man sehen, wie im Laufe der Zeit die Soziallehre der Kirche langsam, aber in zunehmendem Maße Elemente, die von Gutiérrez schon vor langer Zeit vorgeschlagen worden waren und die Säulen der Befreiungstheologie sind, aufgenommen hat. Papst Johannes Paul II. hat sich bei mehreren Anlässen öffentlich bezüglich der Anerkennung und der Unterstützung dieser Theologie in Übereinstimmung mit seiner Forderung einer „Neuen Evangelisierung" geäußert. In einer Botschaft an die brasilianischen Bischöfe sagte er zum Beispiel: „In der Art und Weise wie (die brasilianische Kirche) sich bemüht zutreffende Antworten zu finden sind wir überzeugt, wir und ihr, dass die Befreiungstheologie nicht nur opportun, sondern auch nützlich und notwendig ist."[70]. Außerdem beauftragte er die brasilianische Bischofskonferenz mit der wichtigen Mission, für eine Weiterentwicklung und Stärkung dieser Theologie zu sorgen. Die Botschaft schließt wie folgt: „Um diese Aufgabe zu erfüllen, sind die weisen und mutigen Handlungen der Hirten unabkömmlich, und das ist eure Verantwortung. Gott hilft euch, in den ununterbrochenen Sorgen, damit sich die korrekte und notwendige Theologie der Befreiung in Brasilien und Lateinamerika auf homogene und nicht auf heterogene Weise, in Verbindung mit der Theologie aller Zeiten, in vollkommener Treue zur Lehre der Kirche, unter sorgsamer Beachtung einer vorrangigen, nicht ausschließenden und nicht ausschließlichen Liebe zu den Armen verwirklicht wird."[71]

Ebenso vermied Papst Johannes Paul II. in seinen Reden vor den peruanischen Bischöfen einen ausdrücklichen Bezug auf Gutiérrez, und im Gegensatz zu den Erwartungen verdammte er das Elend großer lateinamerikanischer Be-

---

[69] Torres, Sergio: Itinerario intelectual y espiritual de G. Gutiérrez. In: Sobrino, Jon u.a.: Teología y liberación. Escritura y espiritualidad. Ensayos en torno a la obra de Gustavo Gutiérrez. Bd. II. Lima: IBC-CEP, 1990, 207.
[70] Johannes Paul II.: Brief an die brasilianische Bischofskonferenz vom 9.4.1986. In: Herderkorrespondenz 40, 1986, 280-281.
[71] Ebd., 281.

völkerungsschichten und „jene Systeme, die die Bereicherung einiger privilegierter Schichten auf Kosten der Arbeit der Armen zum Zweck haben".[72]

Zum Abschluss dieses Abschnittes seien die Worte Gustavo Gutiérrez' während seines Deutschlandbesuchs in Berlin letztes Jahr erwähnt. In einem Interview wurde er nach seinem aktuellen Verhältnis zu Rom und bezüglich der Anwendung verschiedener Aspekte des „Programms" der Befreiungtheologie durch die kirchliche Soziallehre befragt.[73] „Wir stehen in einem konstruktiven Dialog mit dem Vatikan", sagte er. „Für den Papst war der Umgang mit der Befreiungstheologie sicher nicht ganz einfach. Sie befasst sich mit einigen sehr konfliktträchtigen Aspekten wie Armut, Gerechtigkeit und Menschenrechte und hat schon allein deshalb für sehr viel Zündstoff gesorgt. Niemals zuvor war eine Theologie in den Medien so präsent wie die Befreiungstheologie. Das war für alle ein großer Lernprozess", fügte er hinzu. „Mehrmals hat der Papst sehr eindringlich über die sozialen und wirtschaftlichen Gründe für Armut gesprochen und sich für die ‚Option für die Armen' eingesetzt. Er hat auch eine Änderung der Strukturen gefordert", betonte Gutiérrez im Interview.

1.4.5 Die Armen als das wichtigste Zeichen der Zeit

Man kann festhalten, dass die Theologie Gustavo Gutiérrez' von der Erfahrung Gottes und seinem Wirken in der Geschichte ausgeht. Dies setzt die gläubige Überzeugung voraus, dass Gott auch heute noch unter den Menschen und in der Geschichte gegenwärtig ist. In diesem Zusammenhang gewinnt die biblische Kategorie der Zeichen der Zeit eine Schlüsselbedeutung.

Papst Johannes XXIII. hatte vom Beginn seines Pontifikats an die Kirche zur Erfüllung ihrer Sendung in der Welt von heute entschieden auf die Zeichen der Zeit verwiesen. Es war deutlich, dass sich für den Papst des Konzils in der Wahrnehmung und Deutung der Zeichen der Zeit die dringend notwendig gewordene Neugestaltung der Beziehung der Kirche zur modernen Welt konkretisierte, die er als *aggiornamento* bezeichnete.

In den Zeichen der Zeit wird die Geschichte also fast in einem sakramentalen Sinn verstanden: „In ihnen und durch sie kann Gott seine Gegenwart und seinen Willen zeigen. Doch nicht jedes geschichtliche Zeichen ist ein Zeichen der Zeit. Es bedarf der Unterscheidung und der Deutung. Das wichtigste Unter-

---

[72] Ansprache des Papstes Johannes Paul II. an die Peruanische Bischofskonferrenz in Lima am 2. Februar 1985. Zitiert nach: Biografía de Gustavo Gutiérrez Merino-Díaz. Internet-Adresse: http://www-abc.es (Download 09.01.05).
[73] Wilke, Birgit: „Hat für Zünstoff gesorgt". Gustavo Gutiérrez über die Aktualität der Befreiungstheologie. Interview veröffentlicht in der ProvinzZeitung für die Dominikanerprovinz des Hl. Albert in Süddeutschland und Österreich, Nr. 7-8/2004, 4-5.

scheidungskriterium für die Zeichen der Zeit nennt wiederum die Pastoralkonstitution des Konzils: Sie sind ‚im Licht des Evangeliums' zu deuten."[74]

Dieses Verständnis der Zeichen der Zeit bekam fundamentale Bedeutung für die kontextuelle Umsetzung des Konzils in Lateinamerika und die Theologie der Befreiung. In diesem Zusammenhang muss der Beitrag des Denkens von Marie-Dominique Chenu OP, einem der Professoren Gutiérrez' während seiner Ausbildung in Paris, besonders erwähnt werden, der die „Zeichen der Zeit" betrifft und der die Befreiungstheologie Gutiérrez' nachhaltig geprägt hat. Im Rahmen der öffentlichen Buchvorstellung der kürzlich erschienenen deutschen Übersetzung von „Une école de théologe: Le Saulchoir"[75] („Le Saulchoir. Eine Schule der Theologie"[76]) von M.-Dominique Chenu OP am 15. Juni 2004 in der Katholisch-Theologischen Fakultät in Tübingen, an der Gustavo Gutiérrez als Hauptredner teilnahm, sagte der Geschäftsführende Direktor des „Institut M.-Dominique Chenu", Ulrich Engel OP, mit Blick auf das Verhältnis der beiden: „Chenu stellt mit seinen Aussagen zu den Zeichen der Zeit und den loci theologici in actu einen hermeneutischen Schlüssel zur Theologie der Befreiung von Gustavo Gutiérrez dar."[77] In seinem (englischsprachigen) Vortrag über Chenu als „theologian of the signs of the times" wertete Gutiérrez die Bedeutung, die Chenu der menschlichen Geschichte beigemessen hat, als dessen große theologische Intuition. In seiner Aufmerksamkeit für die Zeichen der Zeit war Chenu – so Gutiérrez – „der jüngste Theologe der katholischen Kirche – bis zu seinem Tod!".

Die Zeichen der Zeit in ihrer spirituellen Dimension als Manifestation des Willens Gottes im geschichtlichen Heute sind eine wichtige Klammer um Spiritualität und Theologie. Dieses Verständnis der Zeichen der Zeit greift Gutiérrez immer wieder auf. „Sein Grundanliegen ist dabei, im Anschluss an die Neubestimmung des Verhältnisses von göttlicher Transzendenz und geschichtlicher Immanenz durch das Zweite Vatikanische Konzil die Vermittlung zwischen Weltgeschichte und Heilsgeschichte, zwischen menschlicher Befreiung und christlicher Erlösung."[78]

---

[74] Maier, Martin: Spiritualität und Theologie im Werk von Gustavo Gutiérrez. In: Delgado, M.; Noti, O.; Venetz, H. (Hrsg.): Blutende Hoffnung, a.a.O., 61.
[75] Chenu, Marie-Dominique: Une école de théologie: Le Saulchoir. Paris: Cerf, 1985. Erstveröffentlichung „pro manuscripto": 1937.
[76] Chenu, M.-D.: Le Saulchoir. Eine Schule der Theologie. Aus dem Französichen von M. Lauble und mit einer Einführung von Ch. Bauer, hrsg. von Ch. Bauer, Th. Eggensperger und U. Engel (Collection Chenu Bd. 2), Berlin, 2003.
[77] Vgl. dazu: Engel, Ulrich: Posthume Ehrenpromotion von M.-D. Chenu OP. Institut M.-Dominique Chenu und Katholisch-Theologische Fakultät erinnerten in Tübingen an den französischen Theologen. Internet-Adresse: http://www.espaces-online.net (Download 18.01.05).
[78] Maier, Martin: Spiritualität und Theologie im Werk von Gustavo Gutiérrez. In: Delgado, M.; Noti, O.; Venetz, H. (Hrsg.): Blutende Hoffnung, a.a.O., 62.

Die Bischöfe in Medellin haben im Blick auf die Wirklichkeit Lateinamerikas den „Einbruch der Armen" in die Geschichte als das wichtigste Zeichen der Zeit erkannt. Sie haben das ungerechte Leiden so vieler Menschen als die zentrale pastorale Herausforderung für die lateinamerikanische Kirche verstanden. In ihrem Bemühen, diesem Zeichen der Zeit praktisch zu entsprechen, hat sich die Kirche für die Armen eingesetzt, die auch im Zentrum der Theologie von Gustavo Gutiérrez stehen.[79]

---

[79] Ebd., 63.

2 Die Welt der Armen

Seit einigen Jahren erleben wir – besonders in Lateinamerika – wie in zunehmendem Maß in der Kirche die Forderung nach einem glaubwürdigen und radikalen Zeugnis der Armut laut wird. Der Wunsch entstand in Kreisen, die mit Ordensgemeinschaften jüngeren Datums in Kontakt standen, blieb aber nicht auf den Bereich der „klösterlichen Armut" beschränkt und bemächtigte sich mit seinen Fragen und Vorstellungen bald auch anderer Gruppen in der Kirche. So wurde die Armut zu einem zentralen Thema heutiger Spiritualität. Das Ganze ist nicht frei von einem polemischen Ton. Denn der Wunsch, Christusnachfolge auch unter dem Gesichtspunkt der Armut zu leben, führte unwillkürlich zu einer kritischen und aggressiven Haltung gegenüber dem negativen Zeugnis, das die Kirche – aufs Ganze gesehen – in der Frage der Armut gibt.

2.1 Zwiespältigkeit des Begriffs Armut[80]

„Armut" ist ein mehrdeutiger Terminus. Nun zeigt die terminologische Mehrdeutigkeit aber nur die Zwiespältigkeit im Begriff oder in den Begriffen an, um die es geht. Zum Versuch der Präzisierung dessen, was wir unter Armut verstehen, müssen wir zunächst den Weg dazu freimachen und einige Ursachen dieser Zwiespältigkeit aufdecken. So werden wir auch nebenbei den Sinn angeben können, den wir gewissen Ausdrücken im folgenden geben werden.

Der Terminus Armut bezeichnet zunächst einmal die „materielle Armut", d.h. den Mangel an den für ein menschliches Leben, das diesen Namen verdient, notwendigen wirtschaftlichen Gütern. In diesem Sinn betrachtet das Bewusstsein des modernen Menschen die Armut als etwas Erniedrigendes, das abzulehnen ist. In christlichen Kreisen jedoch neigt man häufig dazu, der materiellen Armut einen positiven Sinn beizumessen, sie fast als ein menschliches und religiöses Ideal zu betrachten – ein Ideal von Strenge und Gelassenheit gegenüber den Gütern dieser Welt, das die Voraussetzung für ein Leben nach dem Evangelium sei. Aufgrund dieses doppelten und widersprüchlichen Verständnisses kommt es zur Überlagerung zweier Sprechweisen, die die Quelle zahlreicher Missverständnisse bilden. Die Frage wird jedoch noch komplexer, wenn man berücksichtigt, dass sich der Begriff der materiellen Armut in einer ständigen Entwicklung befindet. Mangelnden Zugang zu bestimmten kulturellen, gesellschaftlichen und politischen Werten z.B. rechnet man heute zur Armut, die man abgeschafft sehen will.

Materielle Armut verstehen wir also auf den folgenden Seiten als etwas Unmenschliches. In diesem Sinn wird sie auch in der Bibel gesehen, wie wir weiter unten darlegen werden. Konkret heißt arm sein: Hungers sterben, Analphabet

---

[80] Zum Folgenden: Gutiérrez, Gustavo: Theologie der Befreiung, a.a.O., 344-347.

sein, von den anderen ausgebeutet werden, dabei nicht einmal wissen, dass man ausgebeutet wird, ja sogar nicht ahnen, dass man Mensch ist. Angesichts einer solchen materiellen und kulturellen, kollektiven und aggressiven Armut wird der biblische Sinn der Armut zu definieren sein.

Der Begriff der „geistigen Armut" ist noch ungenauer. Häufig füllt man ihn inhaltlich mit der Haltung einer inneren Loslösung von den Gütern dieser Welt. Arm wäre dann nicht so sehr jemand, der über keine materiellen Güter verfügt, als vielmehr derjenige, der sie zwar besitzt, aber nicht an ihnen hängt. So lässt sich z.B. behaupten, nicht nur ein Reicher könne geistig arm sein, sondern auch umgekehrt ein Armer könne seiner inneren Haltung nach reich sein. Eine derartige spiritualisierende Sicht gerät rasch in Engführungen, aus denen man mit der Feststellung herauszukommen versucht, die innere Haltung müsse sich selbstverständlich in materieller Armut konkretisieren. Wenn dem jedoch so wäre, ständen wir vor der Frage, von welcher Armut hier die Rede sei. Von der, die das heutige Bewusstsein als unmenschlich betrachtet? Hat geistige Armut die Gestalt dieser untermenschlichen Armut anzunehmen? Dann aber – so war schon erwähnt worden – bezögen wir uns nicht auf die Armut, so wie sie heute erlebt und verstanden wird, sondern auf etwas anders, auf eine abstrakte Armut nach den Vorstellungen unserer geistigen Armut. Es wäre dies ein Spiel mit Worten und mit Menschen.

Eine Klärung tut not. Auf den folgenden Seiten wollen wir, wenigstens was die großen Linien angeht, den Versuch einer Verdeutlichung unternehmen. Dabei dürfen wir nicht aus dem Auge verlieren, dass – nach Aussage Gutiérrez' – die erste Form der Armut darin besteht, die Vorstellung aufzugeben, die man von ihr hat.

2.2 Die biblische Bedeutung der Armut

Armut ist ein zentrales Motiv sowohl im Alten als auch im Neuen Testament. Trotz der Zwiespältigkeit des Begriffs Armut, die bereits erläutert wurde, kann man versuchen, die Dinge ein wenig zu entwirren und den Horizont zu klären, indem man den zwei großen Gedankengängen folgt, die sich geradezu anzubieten scheinen. Einmal wird Armut als Skandal und das andere Mal als geistige Kindschaft verstanden.[81] Der biblische Begriff von Armut erhellt aus dem Vergleich der beiden Verständnismodelle.[82]

---

[81] Diese zwei Linien wurden herausgearbeitet und untersucht von Gelin, Albert: Die Armen – Sein Volk. Mainz: Matthias-Grünewald, 1957. Vgl. auch die ausgezeichnete Darstellung von González Ruiz, José María: Pobreza evangélica y promoción humana, Barcelona: Nova Tema, 1966.
[82] Auf die Bedeutung der Armut in der Bibel geht auch das Buch Gutiérrez': El Dios de la vida. 6. und 7. Kapitel. Lima: IBC-CEP, 1989 ein.

2.2.1 Armut als Skandal

Armut ist für die Bibel etwas Skandalöses, das die Würde des Menschen ruiniert und folglich dem Willen Gottes widerspricht.

Die Ablehnung der Armut von Seiten Gottes wird mit aller gewünschten Deutlichkeit im diesbezüglichen Vokabular erkennbar. „Arm ist deshalb der *ébyôn*, d. h. der Verlangende, der Bettler, dem das Lebensnotwendige fehlt, das er von einem anderen zu erhalten hofft.[83] Auch *dal* bezeichnet den Armen, insofern er abgemagert und schwach ist. Der Ausdruck „die Mageren des Landes" (das Landproletariat) findet sich sehr oft im Alten Testament.[84] Arm ist ebenfalls *'ani*, der Gebeugte, der unter dem Druck der Not steht und nicht über seine ganze Kraft und Leistungsfähigkeit verfügt. Vielleicht übersetzt man am besten mit „zu kurz gekommen".[85] Das Wort *'anaw* stammt von derselben Wurzel wie die vorige Vokabel. Nur nimmt es leicht den religiösen Sinn des „demütig vor Gott" an.[86] Das Neue Testament bedient sich des Wortes *ptōchós*, wenn es vom Armen spricht.[87] *Ptōchós* bezeichnet den, dem es am Lebensnotwendigen mangelt, der im Elend lebt und aufs Betteln angewiesen ist."[88]

„Bedürftig", „zu kurz gekommen", „gebeugt" und „arm", all dies sind Termini, die die Situation eines Menschen beschreiben, der – ohne eigene Schuld – heruntergekommen ist. „In ihnen klingt schon ein Ton des Protestes mit; sie wollen nicht nur beschreiben, sondern bringen schon eine Stellungnahme zum Ausdruck, die dann auf eine energische Ablehnung der Armut hinausläuft."[89] Armut ist nichts Fatales. Schuld an ihr sind die, die der Prophet verurteilt: „So spricht der Herr: Wegen der drei Verbrechen Israels, wegen der vier nehme ich es nicht zurück: weil sie den Unschuldigen für Geld verkaufen und den Armen für ein Paar Schuhe. Sie treten den Armen auf den Kopf und drängen die

---

[83] *Ebyôn* findet sich im Alten Testament 61 mal, besonders in den Psalmen und prophetischen Büchern. Vgl. P. Humbert, Le mot biblique ebyôn: Revue d'histoire et de Philo. Relig. (1952) 1-6.
[84] *Dal* begegnet 48 mal im Alten Testament, vor allem in den prophetischen Büchern, bei Ijob und in den Sprüchen.
[85] *'Ani* wird im Alten Testament am häufigsten benutzt: 80 mal, und zwar in erster Linie in den Psalmen und in den prophetischen Büchern.
[86] *'Anaw* findet sich 25 mal im Alten Testament (ein einziges Mal im Singular), zumal in den Psalmen und prophetischen Büchern.
[87] *Ptōchós* wird im gesamten Neuen Testament 34 mal verwendet. In der Mehrzahl der Fälle bezeichnet das Wort den Bedürftigen, dem das Notwendige fehlt. Nur in sechs Fällen nimmt der Begriff eine geistige Bedeutung an. Aber auch so noch steht der Arme an der Seite des Blinden, Krüppels, Aussätzigen und Kranken. In diesem Kontext hat das Wort also noch eine ganz konkrete Bedeutung.
[88] Gutiérrez, G.: Theologie der Befreiung, a.a.O., 348. Hervorhebungen im Original.
[89] Ebd., 349.

Elenden an den Rand...!" (Am 2,6-7). Arme gibt es, weil es Menschen gibt, die Opfer der Hand anderer Menschen sind.

Der Mensch ist nicht nur nach dem Bild Gottes und als sein Gleichnis geschaffen. Er ist vielmehr auch „Sakrament Gottes": „Unterdrückung des Armen ist ein Attentat auf Gott selbst. Gotteserkenntnis heißt Praxis der Gerechtigkeit unter den Menschen. Gott begegnen wir in jedem Kontakt mit den Menschen. Was wir den anderen tun, tun wir dem Herrn."[90]

Mit einem Wort gesagt: Das Bestehen von Armut spiegelt einen Bruch in der Solidarität der Menschen untereinander und in ihrer Gemeinschaft mit Gott. Armut ist Ausdruck von Sünde, d.h. der Verneinung von Liebe. Deshalb ist sie unvereinbar mit dem Kommen der Herrschaft Gottes, das ein Reich der Liebe und der Gerechtigkeit inauguriert. Armut ist ein Übel und ein Skandal[91], der in unseren Tagen enorme Ausmaße annimmt.

2.2.2 Armut als geistige Kindschaft

Kommen wir zum zweiten Gedankenstrang, den die Bibel zum Thema Armut entfaltet. Der Arme ist der „Hörige" Gottes. Armut wird verstanden als „eine Fähigkeit, sich für Gott offen zu halten und meint ‚Gott-zur-Verfügung-Stehen'. Sie ist ‚Demut vor Gott'."[92] Das verwendete Vokabular ist identisch mit dem, mittels dessen von der Armut als einem Übel gesprochen wird. In der Tat erhalten die Begriffe, mit denen der Arme bezeichnet wird, einen stets präziseren und dringlicheren religiösen Sinn. „Vor allem der Terminus 'anaw benennt in der Form der Plurals 'anawim besonders die geistig Armen."[93]

So entwickelt sich der Begriff in eine geistige Richtung, und Armut wird zukünftig als ein Ideal dargestellt: „Sucht Jahwe, ihr Armen alle im Lande, die ihr nach seinen Geboten lebt. Trachtet nach Gerechtigkeit, trachtet nach demütiger Armut" (Zeph 2,3).

Die geistige Armut erreicht ihren vollkommensten Ausdruck in den Seligpreisungen des Neuen Testaments. Die Armut, die Mt 5,1 („selig die Armen im Geist") als selig erklärt wird, bezieht sich auf die geistige Armut, so wie sie seit Zephanja als Verfügbarkeit gegenüber dem Herrn verstanden wird. Gutiérrez zeigt auf, dass sie Voraussetzung zur Annahme des Wortes sei und somit dieselbe Bedeutung wie das neutestamentliche Thema der geistigen Kindschaft hat.[94]

---

[90] Ebd., 352.
[91] „Die Armut – sagt Thomas von Aquin – ist kein Gut in sich" (Contra gentes III, 134: „Non enim paupertas secundum se bona est").
[92] Gelin, Albert: Moïse dans l'ancien testament, en Moïse, l'homme de l'alliance. Paris, 1955, 29. Zitiert nach: Gutiérrez, G.: Theologie der Befreiung, a.a.O., 352.
[93] Gutiérrez, G.: Theologie der Befreiung, a.a.O., 352.
[94] Ebd., 354.

Die lukanische Version („selig ihr Armen - denn euch gehört das Reich Gottes") stellt nach Gutiérrez mehr eine „materielle Armut" dar. Wenn wir glauben, dass die Herrschaft Gottes ein Geschenk ist, das die Jünger Jesu in der Geschichte annehmen, damit diese zu ihrer definitiven Vollendung geführt wird, dann muss daraus entnommen werden, dass Jesus die Armen selig preist, *weil* das Reich Gottes angebrochen ist: „Die Zeit ist erfüllt, die Gottesherrschaft ist nahe" (Mk 1,15). Das heißt: Die Überwindung von Ausbeutung und Armut, die die Armen an ihrem vollen Menschsein hindern, hat begonnen. Der dritte Evangelist füllt den Begriff „arm" inhaltlich mit dem Element des ersten von uns untersuchten Interpretationsmodells. Armut ist ein Übel und als solches unvereinbar mit der Herrschaft Gottes, mit einem Reich, das voll in die Geschichte einbricht und die menschliche Existenz in ihrer Gesamtheit umgreift.[95]

2.2.3 Versuch einer Synthese: Solidarität und Protest

Armut ist auch nach Gutiérrez ein Skandal. Geistige Armut bedeutet als ganzheitliche Haltung des Menschen Öffnung auf Gott hin, die ihrerseits geistige Kindschaft beinhaltet. Die Klärung des Begriffs „arm" in dieser doppelten Sinngebung macht uns den Weg frei zu einer dritten inhaltlichen Füllung des Wortes, die uns ein besseres Verständnis für ein christliches Leben in Armut ermöglicht. Wir denken an Armut als Engagement im Sinn von Solidarität und Protest.

Einerseits: wenn „materielle Armut" bekämpft werden muss, dann kann ein Leben in Armut kein christliches Ideal sein. Denn man würde als Ziel eine Situation anstreben, die anerkanntermaßen den Menschen erniedrigt. Außerdem würde ein solches Verständnis – was keinesfalls das Geringste wäre – eine wenn auch unfreiwillige Rechtfertigung der Situation von Ungerechtigkeit und Ausbeutung darstellen, die den eigentlichen Grund für die Armut ausmacht. Andererseits: Die Analyse der biblischen Texte zum Thema der „geistigen Armut" hat uns gezeigt, dass diese als innere Loslösung von den Gütern dieser Welt, d.h. also der geistigen Haltung, nicht unmittelbar und notwendigerweise in einer materiellen Armut Gestalt anzunehmen braucht, um echt zu sein. Geistige Armut bezeichnet etwas Grundsätzlicheres und Globaleres. Sie ist vor allem totale Disponibilität vor dem Herrn.[96]

Die Konzilskonstitution „Lumen gentium" lädt uns ein, *in Christus*[97] den tiefsten Sinn der christlichen Armut zu suchen: „Wie Christus das Werk der Erlösung in Armut und Verfolgung vollbrachte, so ist auch die Kirche berufen, den gleichen Weg einzuschlagen, um die Heilsfrucht den Menschen mitzuteilen. Christus hat, ‚obwohl er doch in Gottesgestalt war, ... sich selbst entäußert und Knechtsgestalt angenommen' (Phil 2,6); um unsretwillen ‚ist er arm geworden, obgleich er doch reich war' (2 Kor 8,9). So ist die Kirche, auch

---

[95] Ebd., 356. Hervorhebung im Original.
[96] Ebd., 357.
[97] Hervorhebung vom Verfasser.

wenn sie zur Erfüllung ihrer Sendung menschlicher Mittel bedarf, nicht gegründet, um irdische Herrlichkeit zu suchen, sondern um Demut und Selbstverleugnung auch durch ihr Beispiel auszubreiten" (Nr.8).

Armut ist eine Tat der Liebe und der Befreiung und hat als solche erlösenden Wert. Auf keinen Fall also darf Armut idealisiert werden. Nach Gutiérrez geht es darum, sie zu verstehen, wie sie ist, nämlich als ein Übel, gegen sie zu protestieren und sich zu bemühen, sie abzuschaffen. Christliche Armut ist als Ausdruck von Liebe Solidarität *mit den Armen* und Protest *gegen die Armut*[98].

So kommt man zu dem Schluss, dass nur wenn die Kirche die Armut als solche zurückweist und arm wird, um gegen sie zu protestieren, sie in der Lage sein wird, das zu predigen, was ihr eigen ist, „geistige Armut" nämlich, d.h. die Offenheit von Mensch und Geschichte gegenüber der von Gott verheißenen Zukunft.

2.3 Vorrangige Option für die Armen: eine Achse christlichen Lebens

Die Theologie der Befreiung hat die spirituelle Grunderfahrung in die programmatische Formel einer „vorrangigen Option für die Armen" (*opción preferencial por los pobres*)[99] gegossen.

„Vorrangig" ist die Option, weil sie die Universalität der Liebe Gottes zu allen Menschen mit der Präferenz für die Armen verbindet. Dabei liegt das letzte Motiv für das Engagement an der Seite der Armen weder in der Gesellschaftsanalyse noch im Mitleid, auch nicht in der moralischen Betroffenheit. Diese Gründe sind wichtig und mögen zum Einsatz motivieren, doch der letzte Grund für die Option ist Gott selbst, seine bevorzugende Liebe zu den Schwachen und Armen, die zuallererst die vorrangige Option der Kirche nach sich zieht.[100]

Der Rang der Option zeigt sich auch daran, dass sie in den Beschlüssen der Bischofsversammlungen von Medellin (Armut 14, Nr. 9), Puebla (Nr. 1134-1165) und Santo Domingo (Nr. 178) zur programmatischen Selbstverpflichtung der Kirche Lateinamerikas erhoben wurde. Darüber hinaus hat Papst Johannes Paul II. sie in seine Sozialenzykliken aufgenommen.[101] Auch wurde sie auf der

---

[98] Gutiérrez, G.: Theologie der Befreiung, a.a.O., 358. Hervorhebungen im Original.

[99] Vgl. Bucher, Alexius (Hrsg.): Die „vorrangige Option für die Armen" der katholischen Kirche in Lateinamerika. Zugänge zu ihrer Begründungsproblematik, Geschichte und Verwirklichung. Bd. I. Eichstätt, 1991.

[100] Vgl. Lohfink, Norbert: Option for the poor. The basic principle of Liberation Theology in the light of the Bible. Berkeley: Bibal Press, 1987.

[101] Vgl. dazu: Johannes Paul II.: Sollicitudo rei socialis. In: Sekretariat der deutschen Bischofskonferenz (Hrsg.): Verlautbarungen des Apostolischen Stuhls 82. Bonn, 1987, Nr.42; Ders.: Centesimus annus. In: Sekretariat der deutschen Bischofskonferenz (Hrsg.): Verlautbarungen des Apostolischen Stuhls 101. Bonn, 1991, Nr. II, 57.

Ebene nationaler Bischofskonferenzen rezipiert, wie zum Beispiel im ökumenischen Sozialwort der Kirchen in Deutschland (1997).[102]

Das Bewusstsein, das sich in der Formulierung „vorrangige Option für die Armen" manifestiert, ist der wesentlichste Beitrag aus dem kirchlichen Leben und der Theologie der Befreiung Lateinamerikas für die gesamte Kirche. Gutiérrez will betonen: Es handelt sich um einen Diskurs über den Glauben, der uns unter den aktuellen Bedingungen und mit aller Neuartigkeit, die diese uns offenbaren, schlichtweg eine Erinnerung und eine neue Lesart von etwas erlaubt, was auf die eine oder andere Art – ausdrücklich oder unausdrücklich – im langen historischen Weg des Volkes Gottes immer einen Platz gefunden hat. Es ist wichtig, dies zu unterstreichen, nicht um den Beitrag dieser Theologie zu schmälern, die ihr Schicksal an den biblischen Sinn von Solidarität mit dem Armen gebunden weiß, sondern um den Kontext richtig zu umreißen, in welchem sie in großer Kontinuität und doch in vielen Brüchen mit früheren Theologien entsteht. Ganz besonders entsteht sie in Kontinuität mit der christlichen Erfahrung und den Wegen, die eingeschlagen wurden, um Zeugnis vom Reich Gottes abzulegen.[103]

2.3.1 Der Grund einer Bevorzugung

Die Thematik der Armut und der Marginalisierung lädt uns ein, von der Gerechtigkeit zu sprechen und die diesbezüglichen Verpflichtungen des Christen im Bewusstsein zu behalten. Diese Einstellung ist zweifelsohne fruchtbar. Aber „man darf das, was die vorrangige Option für die Armen zu einer derart zentralen Perspektive macht, nicht aus den Augen verlieren. An der Wurzel dieser Option steht das Sich-Schenken der Liebe Gottes. Das ist das tiefste Fundament dieses Vorrangs."[104]

„Der Begriff des Vorrangs selbst" – zeigt Gutiérrez auf – „lehnt jede Ausschließlichkeit ab und versucht herauszuarbeiten, wer die ersten – nicht die einzigen – Adressaten unserer Solidarität zu sein haben. Um den Sinn des Vorrangs zu erörtern, gilt in unserer theologischen Reflexion häufig der Satz, dass die große Herausforderung in der Notwendigkeit besteht, gleichzeitig an der Allumfassendheit der Liebe Gottes und an seiner besonderen Liebe zu den Letzten der Geschichte festzuhalten."[105] Nur auf einem dieser Extreme zu beharren, bedeutet die Botschaft des Evangeliums zu verstümmeln.

---

[102] Für eine Zukunft in Solidarität und Gerechtigkeit. Wort des Rates der Evangelischen Kirche in Deutschland und der Deutschen Bischofskonferenz zur wirtschaftlichen und sozialen Lage in Deutschland. In: Sekretariat der deutschen Bischofskonferenz (Hrsg.): Gemeinsame Texte 9. Bonn, 1997, Nr. 105-107.
[103] Vgl. Gutiérrez, Gustavo; Müller, Gerhard Ludwig: An der Seite der Armen. Theologie der Befreiung. Augsburg: Sankt Ulrich, 2004, 65.
[104] Ebd., 118-119.
[105] Ebd., 119.

2.3.2 Eine theozentrische Option

Hier geht es um eine „theozentrische Option" und eine prophetische Option, die ihre Wurzeln in das Sich-Schenken der Liebe Gottes schlägt und von ihr gefordert wird. Und wie wir wissen, gibt es nichts Fordernderes als das Sich-Schenken (vgl. Phlm 21).

Hier soll ausdrücklich verdeutlicht werden, dass der Arme den Vorrang erhalten soll, nicht weil er vom moralischen oder religiösen Standpunkt aus notwendigerweise besser wäre als andere, sondern weil Gott Gott ist. Die ganze Bibel ist durchdrungen von der Vorliebe Gottes für die Schwachen und Misshandelten der menschlichen Geschichte. Sie offenbaren uns in großer Deutlichkeit die Seligpreisungen des Evangeliums, sie sagen uns, dass die Bevorzugung der Armen, Hungernden und Leidenden ihr Fundament in der sich verschenkenden Güte des Herrn hat.[106] Die vorrangige Option für den Armen ist deshalb nicht nur eine Norm für die Seelsorge und eine Perspektive der theologischen Reflexion, sie ist auch und an erster Stelle eine geistliche Gangart, im starken Sinn dieses Ausdrucks: eine Beschreibung des Wegs zur Begegnung mit Gott und dem Sich-Schenken seiner Liebe, ein Wandeln „vor dem Herrn im Land der Lebenden" (Ps 116,9). Wenn die Spiritualität diesen Punkt, die Nachfolge Jesu, nicht erreicht, das heißt das Herz des christlichen Lebens, ist die Reichweite und Fruchtbarkeit der genannten Option nicht wahrzunehmen.[107]

2.4 Dialektik Armut-Reichtum

Reiche und Arme, Armut und Reichtum, sind immer ein komplexes, heikles, unbequemes und polemisches Thema. Allein das Aussprechen dieser Worte kann Sympathie oder Widerstand, einen Anstoß zur Großzügigkeit oder Mechanismen der Verteidigung wecken. Es wird aus unterschiedlichen Blickwinkeln und Interessen versucht, Konzepte darzulegen, Gründe zu klären oder Einstellungen zu rechfertigen.

Die Dialektik von Armut und Reichtum kann aus verschiedenen Blickwinkeln beleuchtet werden. Für die Gläubigen stellt sich das Vorhandensein von Armen und Reichen in unserer Gesellschaft in erster Linie als religiöses Problem dar, das uns die "Wahrheit" unseres Glaubens deutlich macht. In einer Gesellschaft, die sich christlich nennt, finden sich doch Ungerechtigkeit erzeugende Strukturen, die Widerspruch zum Christentum stehen, und die Kluft zwischen Reichen und Armen verstärken, denn so wie Papst Johannes Paul II. in Puebla aufzeigte, geht es

---

[106] Dieser Punkt wurde mit aller wünschenswerten Klarheit präzisiert von Schlosser, Jacques: Le Règne de Dieu dans les dits de Jésus. Paris: Ètudes Bibliques, 1980.
[107] Gutiérrez, Gustavo: Wo werden die Armen schlafen? In: Ders.; Müller Gerhard Ludwig: An der Seite der Armen, a.a.O., 120.

um „Reiche, die immer reicher werden, auf Kosten der Armen, die immer ärmer werden".[108]

Im Licht des Evangeliums können wir sagen, dass das christliche Ideal weder die Armut noch der Reichtum ist, sondern die Gleichheit (2 Kor 8, 14); nicht dass alle reich oder arm seien, sondern dass alle geschwisterlich und solidarisch seien, „ein Herz und eine Seele" (Apg 4,32). Vielleicht entsteht so wieder das Wunder der ersten christlichen Gemeinschaft, in der „niemand Mangel litt" (Apg 4,34).[109]

Im Licht desselben Wortes Gottes müssen wir ebenfalls sagen, dass Reichtum und Armut sich nie mit den gleichen Verhältnissen zeigen. Ohne zur Verurteilung des Reichtums an sich zu gelangen, verblüfft uns das Wort Gottes durch seine Klarheit und seine Radikalität. „Selig sind die Armen, ihnen gehört das Himmelreich"; während bestätigt wird, dass „ein Reicher nur schwer ins Himmelsreich gelangen werde, denn die Wurzel allen Bösens, ist die Liebe zum Geld" (1Tim 6,10).

Und die Reichen? Bleiben sie vom Reich Gottes, von der Erlösung, ausgeschlossen? Ist die Forderung "Vorrangige Option für die Armen", die wir gerade aufgezeigt haben, ausschließend, was die Erlösung der Reichen betrifft?

Die Entscheidung für die Armen ist vorrangig und nicht ausschließlich. Das muss mit aller Deutlichkeit gesagt werden. Sie bejaht sogar, dass diese Option eine notwendige Vermittlung für die Universalität der Rettung ist. Alle Menschen sind zur Rettung berufen und allen wird diese als unverdiente Gabe dargeboten. Aber nur die, die für das Reich arm werden, werden es erlangen. Das „evangelische Bild" des Zachäus ist in diesem Zusammenhang von Bedeutung. Weil die Rettung in sein Haus gekommen ist, gibt er das Vierfache des Geraubten und die Hälfte seines Besitzes den Armen. Rettung und Armut ergeben sich in einer dialektischen Beziehung. Wer die Rettung erlangt – arm im Geiste – wird zuletzt wirklich arm oder teilt seinen Besitz mit den Armen. So werden die Armen zum theologischen Ort: Sie offenbaren die Anwesenheit des Reich Gottes, laden zum Praktizieren des Reiches ein, sind die Bevorzugten des Reiches. Und die vorrangige Option für die Armen ist die notwendige und verpflichtende Vermittlung der Rettung, die allen dargebracht wird.

2.5 Von der Rückseite der Geschichte her

Die menschliche Geschichte ist in der Tat – so Gutiérrez – der Ort unserer Begegnung mit dem Vater Jesu Christi. Und in Jesus Christus verkünden wir

---

[108] Johannes Paul II.: Eröffnungsrede in Puebla, III, 4.
[109] Díaz Mateos, Manuel: Dios será tu riqueza. In: Sobrino, Jon u.a. : Teología y liberación, escritura y espiritualidad : Ensayos en torno a la obra de Gustavo Gutiérrez. Bd. II. Lima: IBC-CEP, 1990, 100-101.

die Liebe des Vaters zu allen Menschen. Es kommt darauf an, nachdrücklich zu betonen, die Geschichte (in der Gott sich offenbart und wir ihn verkünden) müsse *aus der Sicht der Armen neu verstanden* werden. Die Geschichte der Menschheit ist „mit weißer Hand"[110], das heißt aus der Sicht der Herrschenden, geschrieben worden. Eine andere Perspektive haben natürlich die „Besiegten" der Geschichte. Nun geht es darum, die Geschichte aus der Erfahrung ihrer Kämpfe, ihres Widerstandes und ihrer Hoffnung zu interpretieren. Immer wieder hat man versucht, die Erinnerung der Unterdrückten auszulöschen. Dadurch aber nimmt man ihnen eine Quelle der Kraft, des Willens zur Gestaltung der Geschichte und der Rebellion. Heute bemühen sich die gedemütigten Völker, ihre Vergangenheit kennen zu lernen, um ihre Gegenwart auf ein sicheres Fundament zu gründen.[111]

Nun könnte sich der Ausdruck „die Geschichte neu verstehen" wie eine Übung für Intellektuelle anhören, wenn man nicht bedenkt, dass das Ergebnis einer Neugestaltung der Geschichte gemeint ist. Man kann die Geschichte nicht neu verstehen, wenn man sich nicht an den Erfolgen und Misserfolgen des Befreiungskampfes beteiligt. Die Geschichte neu gestalten bedeutet für Gutiérrez: „sie sub-versiv ändern, das heißt sie umkehren, ihre Richtung nicht von oben, sondern von unten bestimmen."[112] Die bestehende Ordnung hält Subversion für etwas Abschätziges, weil sie gefährlich für sie ist. Aus der umgekehrten Sicht jedoch besteht das Übel darin, dass man – nach wie vor vielleicht – so etwas wie ein „Super-versiver" ist, der die geltende Herrschaft unterstützt und die Geschichte nach Maßgabe der Großen dieser Welt sehen will. Gutiérrez betont: „Diese subversive Geschichte ist der Ort einer neuen Glaubenserfahrung, einer neuen Spiritualität und einer neuen Verkündigung des Evangeliums."[113]

2.5.1 Einbruch der Armen

Die zweite Hälfte des 20. Jahrhunderts ist in Lateinamerika dadurch gekennzeichnet, dass man sich zunehmend der greifbaren und herausfordernden Präsenz der Welt des anderen bewusst wird: des Armen, des Unterdrückten und insgesamt der ausgebeuteten Klasse. In einer gesellschaftlichen Ordnung, die wirtschaftlich, politisch und ideologisch von einigen wenigen und für einige wenige gemacht wird, verschafft sich der „andere" dieser Gesellschaft – die ausgebeuteten Klassen, die unterdrückten Kulturen und die diskriminierten Rassen – allmählich Gehör. Immer seltener lässt er andere für sich reden. Statt dessen ergreift er direkt das Wort, entdeckt sich zunehmend selbst und

---

[110] Der Ausdruck stammt von Leonardo Boff, der ihn im Blick auf die brasilianische Geschichte gebraucht: Teologia do Cativeiro e da Libertação. Lissabon: Multinova, 1976.
[111] Gutiérrez, G.: Die historische Macht der Armen, a.a.O., 171. Hervorhebungen im Original.
[112] Ebd., 171.
[113] Ebd., 172.

lässt das System seine beunruhigende Anwesenheit spüren. Immer weniger lässt er sich von Demagogen oder mehr oder minder kaschierten Fürsorgeinstitutionen manipulieren, um nach und nach zum Subjekt seiner eigenen Geschichte und zum Baumeister einer radikal anderen Gesellschaft zu werden.[114]

Seit ein paar Jahrzehnten nimmt eine wachsende Zahl von Christen, anfänglich insbesondere in Brasilien, bald aber auch in anderen Ländern, das Ruder des Prozesses aktiv in die Hand. Dadurch entdeckten sie die Welt der Ausgebeuteten Lateinamerikas, was sie in der Mehrzahl der Fälle auch zu einer bewussten Wahrnehmung der eigenen Welt führte. „Dieses Engagement ist" – so will Gutiérrez hervorheben – „das herausragende Faktum im lateinamerikanischen Christentum und ermöglicht eine neue Art des Mensch- und Christseins, ein neues Modell, den Glauben zu leben und zu denken und zur „Ekklesia" zusammenzurufen und zusammengerufen zu werden. Zugleich markiert es aber auch die Trennungslinie zwischen zwei Erfahrungen, zwei Zeiten, zwei Welten und zwei Sprachen in Lateinamerika und damit auch in der lateinamerikanischen Kirche."[115]

Dieser Perspektivenwechsel gründet nicht in einer politischen Option, sondern geht auf eine spirituelle Grundintuition zurück, die als „Einbruch des Armen" *(irrupción del pobre)*[116] beschrieben wird: „Mit den Augen des Glaubens betrachtet verstehen wir, dass der *Einbruch des Armen* in die Gesellschaft und Kirche Lateinamerikas letztlich ein *Einbruch Gottes* in unser Leben ist. Dieser Einbruch ist der Ausgangspunkt und auch die Achse der neuen Spiritualität. Er weist uns daher den Weg zum Gott Jesu Christi".[117]

2.5.2 Das Recht zu existieren und das Recht nachzudenken

In diesem Abschnitt scheint mir wichtig, einen Aspekt der Theologie von Gutiérrez zu betonen, der für die ureigene Aufgabe der Theologie fundamental ist, nämlich „das Recht der Armen zu existieren und nachzudenken". Ein Volk von Armen hat ein elementares Recht darauf zu denken. Denken ist eine Ausdrucksform des Willens zu existieren. Das Recht zu denken, das einem ausgebeuteten und christlichen Volk zukommt, schließt auch die theologische Reflexion mit ein. So hielt Gutiérrez programmatisch fest: „Auch für die Theologie trifft zu, was A. Gramsci über die Philosophie sagt: ‚Das weit verbreitete Vorurteil muss abgebaut werden, Philosophie sei etwas höchst Schwieriges; denn sie sei das intellektuelle Geschäft einer bestimmten Kategorie von wissenschaftlichen Spezialisten und berufsmäßigen und systematisierenden Philosophen. Es muss also im vorhinein

---

[114] Ebd., 153-154.
[115] Ebd., 154.
[116] Vgl. Sievernich, Michael: Gezeiten der Befreiungstheologie. In: Delgado, M.; Noti, O.; Venetz, H. (Hrsg.): Blutende Hoffnung, a.a.O., 113.
[117] Gutiérrez, G.: Aus der eigenen Quelle trinken, a.a.O., 37. Hervorhebungen im Original.

klargestellt werden, dass alle Menschen Philosophen sind, wobei Grenze und Unverwechselbarkeit dieser spontanen, einem jeden Menschen eigenen Philosophie nicht übersehen werden dürfen."[118]

Später fügte er hinzu, er verstehe seine Theologie als „Ausdruck des Rechts der Armen, über ihren Glauben nachzudenken".[119] Diese Worte bezeichnen den wahren Paradigmenwechsel, den Gutiérrez' Theologie in der Theologiegeschichte darstellt; denn das damit verbundene Hören auf die „Weisheit des Volkes" bedeutet einen Abschied von jedem „theologischen Aristokratismus".[120] Diese Worte Gutiérrez' geben dem einfachen Christenmenschen seine Würde als Subjekt der Theologie zurück. Wie viel würde sich wohl in der Kirche ändern, wenn wir wirklich das Recht aller Menschen, von Gott zu reden, respektierten und mutig förderten!

Gehen wir jetzt einen Schritt weiter. Man kann sich die Frage stellen: Hat es noch Sinn, in einer Welt von Elend und Unterdrückung weiter Theologie zu treiben? Ist es überhaupt noch zu verantworten, Zeit und Energie auf das mühevolle Entwerfen eines Glaubensverständnisses zu verwenden, wo doch die Verhältnisse in Lateinamerika so drängend sind? Die Frage ist vielleicht unbequem, dafür aber echt und herausfordernd. Gutiérrez sagt dazu folgendes: „Theologietreiben hat nicht nur trotz, sondern gerade wegen der Situation in Lateinamerika einen Sinn, das heißt dass eine Reflexion über das Reich des lebendigen Gottes dort sinnvoll ist, wo die Armen ‚vorzeitig sterben'."[121]

Der Glaube des Armen an Gott, den Befreier, strebt aus sich selbst heraus danach, sich seiner selbst klar zu werden. Klassisch heißt es: *Fides quaerens intellectum*. Es geht um das Recht des Armen, seinen Glauben an den Herrn und seine Erfahrung von Befreiung zu durchdenken, um das Recht, sich seines Glaubens wieder zu bemächtigen, den man ständig von seiner Armutserfahrung abgespalten hat, um ihn zu einer ideologischen Rechtfertigung einer Situation der Unterdrückung umzumünzen. Es geht um das Recht des Armen, sich der Bibel wieder zu bemächtigen und dafür einzutreten, dass die Herren über die Güter dieser Welt aufhören, auch die Herren über das Wort des Herrn zu sein. Durch die Art und Weise, wie die Armen aus ihrem Leben heraus die Heilige Schrift deuten, zieht sich als ein kostbarer Faden das Verständnis, das sie vom Reich Gottes haben.[122]

Unter diesem Gesichtspunkt gehört das Theologietreiben, wenn es aus der Perspektive – und vor allem – zugunsten der ausgebeuteten Klassen, der verachteten Rassen und der verstoßenen Kulturen geschieht, zur Ausübung

---

[118] Gutiérrez, G.: Theologie der Befreiung, a.a.O., 67.
[119] Gutiérrez, Gustavo: In die Zukunft blicken. Einleitung zur Neuauflage seines Buches: Theologie der Befreiung. 10. Aufl. Mainz: Matthias-Grünewald, 1992, 23.
[120] Vgl.: Delgado, Mariano: Blutende Hoffnung. In: Ders.; Noti, O.; Venetz, H. (Hrsg.): Blutende Hoffnung, a.a.O., 42f.
[121] Gutiérrez, G.: Die historische Macht der Armen, a.a.O., 71.
[122] Ebd., 72f.

ihres Rechtes auf Befreiung. Über den Glauben, aus dem man im Kampf lebt, nachzudenken ist eine Bedingung dafür, aus der Sicht der Armen Gott als Befreier verkünden zu können. Theologie sprießt aus der Rückseite der Geschichte!

2.6 Die Armen als Träger der Evangelisierung

Während der Vorbereitung auf die Bischofskonferenz in Puebla, deren Thema ja der Evangelisierungsauftrag der Kirche war, wurde viel darüber diskutiert, was denn die Kirche vorrangig und am dringlichsten herausfordere; und um diesen Punkt geht es auch uns hier, das heißt um das Verhältnis zwischen Evangelium und Befreiung aus der Sicht der Armen.

2.6.1 Die Armen werden evangelisiert

Puebla liegt ganz auf der Linie des Evangeliums, wenn es daran erinnert, dass „die Armen die erste Zielgruppe der Mission sind und ihre Evangelisierung in einzigartiger Weise Zeichen und Erweis der Sendung Jesu ist" (Nr.1142). Angesichts der konkreten Situation dieser Armen in Lateinamerika kommt der Evangelisierung jedoch eine befreiende Dimension zu. „Die vorrangige Entscheidung für die Armen zielt darauf ab, Christus als den Erlöser zu verkünden, der sie über ihre Würde aufklärt, ihnen bei ihren Bemühungen um Befreiung von allen Nöten hilft und sie durch ein Leben in evangelischer Armut zur Gemeinschaft mit dem Vater und mit den Brüdern und Schwestern führt" (Nr. 1153).

Ein wichtiges Merkmal des Volkes in Lateinamerika ist zu erwähnen. Es geht um die Gläubigkeit des Volkes. Abzulesen ist es aber nicht nur an den eigentlich religiösen Bekundungen der Menschen, sondern am Gesamtumfang ihres Lebens. Das, was wir als Volksreligiosität kennen, ist eine, aber nicht die einzige Ausdrucksform dafür. Leider war und ist das religiöse Element häufig ein Hindernis für das Volk, wenn es Fortschritte macht, seine Situation der Unterdrückung wahrzunehmen. Vieles an den einfachen Menschen ist noch immer Ausdruck der herrschenden Ideologie. Die Gläubigkeit des Volkes beinhaltet, wie seine Praxis es ja auch beweist, ein enormes Potential an befreiendem Glauben und evangelisatorischer Botschaft. „Das Befreiungspotential des Glaubens muss entwickelt werden; anderenfalls verkümmert das vielfältige und reiche Leben des lateinamerikanischen Volkes, und wir berauben uns der Botschaft, die uns der Herr durch das Gottesverständnis der Armen und Kleinen zukommen lässt"[123], sagt Gutiérrez.

---

[123] Ebd., 68.

2.6.2 Das evangelisatorische Potential der Armen[124]

Aber Puebla geht noch einen Schritt weiter in diese Richtung und spricht dabei eine reiche Erfahrung der lateinamerikanischen Kirche während der letzten Jahre aus. In dem Dokument „Vorrangige Entscheidung für die Armen" heißt es: „Das Engagement für die Armen und Unterdrückten wie auch die neuentstehenden Basisgemeinden haben der Kirche dabei geholfen, das evangelisatorische Potential der Armen zu entdecken; denn sie fordern die Kirche unentwegt heraus, rufen sie zur Umkehr auf, und viele von ihnen verwirklichen in ihrem Leben die evangelischen Werte von Solidarität, Dienst, Einfachheit und Aufnahmebereitschaft für das Geschenk Gottes" (Nr. 1147). Ganz deutlich finden sich diese Gedanken auch in dem Beitrag der peruanischen Bischofskonferenz für Puebla[125]. Dort wird gesagt, man habe das „evangelisatorische Charisma der Armen entdeckt".

Die Frage, die sich jetzt stellt, ist, wie der Gedanke vom Armen als Träger der Evangelisierung, bis hin zum Eindringen in die kirchlichen Dokumente, reifen kann. Dazu zeigt Gutiérrez folgendes auf: „Bei dem Bemühen, den Armen die Gute Nachricht zu bringen, machten wir die Erfahrung, dass wir von ihnen evangelisiert wurden. So erkannten wir konkret, dass die Armen es sind, die uns evangelisieren, und erlebten auf eine überraschende Weise, dass Gott sich in der Geschichte durch die Armen offenbart. Ihnen offenbart Gott seine Liebe; sie nehmen sie an, verstehen sie und geben sie weiter. Somit besteht der Evangelisierungsauftrag darin, sich in diesen Prozess der Verkündigung hineinzubegeben. Die, die in der Bibel die Armen genannt werden, sind nicht nur die bevorzugten Adressaten des Evangeliums, sondern auch und aus demselben Grund seine Träger. Den ‚Verdammten der Erde' gehört das Himmelreich."[126]

2.6.3 Von Ausgegrenzten zu Jüngern Jesu[127]

Die Unterdrückten, anfangs Ausgegrenzte innerhalb der eigenen Kirchen, werden – mit Recht – zu vollkommenen Jüngern Jesu. Ihre unterschätzte Gotteserfahrung und theologische Reflexion wird zur Bereicherung der universalen christlichen Gemeinschaft. Ebenso geschieht dies mit der mystischen Dimension ihres Glaubens in einem Universum der Armut, von dem einige fälschlicherweise denken, es ließe keinen Platz für das Unverdiente und rufe höchstens zu einem Kampf für die Gerechtigkeit auf. Der Prozess war und ist lang und be-

---

[124] Zum Folgendem vgl. Gutiérrez, G.: Die historische Macht der Armen, a.a.O., 111-115.
[125] Conferencia Episcopal Peruana (Hrsg.): „El pobre latinoamericano – Destinatario y sujeto de evangelización". Nr. 435-441. Lima, 1978.
[126] Gutiérrez, G.: Die historische Macht der Armen, a.a.O., 77.
[127] Zum Folgenden vgl.: Gutiérrez, Gustavo: De marginado a discípulo. In: Densidad del presente, a.a.O., 280-286.

schwerlich, so wie jener, von dem Johannes uns in dem wichtigen und schönen Kapitel 9 seines Evangeliums berichtet.

Die Erzählung zeigt uns den, der ohne Zweifel für den Evangelisten der beispielhafte Jünger ist. Ein blinder Bettler (sich daraus ergebend doppelt arm) erlangt sein Augenlicht durch das Handeln Jesu wieder. In den scharfsinnigen Dialogen, die sich aufgrund dieser Handlung anschließen, wiederholt der ehemalige Blinde immer wieder, was geschah, wie Jesus ihm das Leben schenkte. Johannes besteht tatsächlich darauf, uns an die Erfahrung zu erinnern, auf die sich der Glaube eines Menschen gründet, der den Weg der Jüngerschaft anstrebt. Nicht nur aufgrund der Heilungserfahrung, sondern auch aufgrund des Zusammentreffens mit Jesus, wird dem neuen Jünger bewusst, dass er jetzt sieht, und er bekennt ohne Furcht: „Herr, ich glaube" (Joh 9,38). Das Licht des Glaubens hat seine Augen erneut geöffnet und sein Leben radikal verändert. Er ist vom Ausgegrenzten, Unbedeutenden, Verabscheuten zum Jünger geworden, um die zu verwirren, die mit ihrem Wissen prahlten.

Diese Reifung des Glaubens muss die Skepsis der an ein bestimmtes soziales oder religiöses System Gewöhnten besiegen, muss auf gleicher Ebene zu denen sprechen, die mit einer vermeintlichen Überlegenheit protzen. Auf eine gewisse Art und Weise werden die armen und unterdrückten Völker, die den christlichen Glauben zu ihrem gemacht haben, durch diesen von Geburt an blinden Bettler repräsentiert, der voranging, Schritt für Schritt, bis zur Erkenntnis von Jesus als dem Christus. Viele hätten es vorgezogen, die Individuen immer als Geschenk zu sehen, unfähig auf sich selbst gestellt zu sein und ungeeignet an originelle Wege zu denken, um Jesus zu folgen. Von den Jüngern Jesu – Johannes nennt sie gerne Freunde – ist dem Evangelisten der von Geburt an Blinde am liebsten, der wie die Armen auf dieser Welt, keinen Namen hat. Ihr historischer Entwicklung und ihr Eintreten in den Kreis der Jünger, reißt sie aus der Anonymität. Ihre Gotteserfahrung, die mystische Dimension ihres Lebens, findet nicht erst am Schluss ihres Weges statt, sondern wächst langsam, angefangen bei ihren Lebensbedingungen als Ausgeschlossenen und Unterdrückten.

Der Ruf an einen Jünger ergeht ständig und umfasst auch – in privilegierter Form – die Vergessenen und Unterdrückten. Die „Bettler" dieser Welt stehen nicht mehr am Straßenrand. Sie haben sich mit einem Sprung dem Herrn, dem Freund des Lebens, genähert. Der Glaube an den auferstandenen Christus nährt sich von der Erfahrung des Leids, des Todes und auch der Hoffnung der Armen und Unterdrückten, von ihrer Art und Weise, miteinander und mit der Natur Kontakt aufzunehmen, von ihrer Art, sich kulturell und religiös auszudrücken. Das Eigene zu bejahen heißt nicht sich zu weigern dazu zu lernen, sich zu bereichern an und sich zu öffnen für andere Perspektiven. Es bedeutet vielmehr wach zu bleiben, um aufnehmen und wachsen zu können. Zu den Wurzeln zurück zu kehren sichert die Kreativität, es gibt dem Baum neue Kraft. Im Herzen einer Situation, die sie an den Rand drängt und ihrer Rechte beraubt, und aus der sie sich zu befreien suchen, glauben die Armen und Unterdrückten an den Gott des Lebens, an einen Gott der auf den Armen „setzt".

3 Zu einer neuen Spiritualität

Die Spiritualität ist für die Theologie der Befreiung kein Thema neben anderen. Die geistliche Erfahrung und die geistliche Praxis sind neben ihrer grundlegenden Bedeutung für ein christliches Leben auch fundamentale Elemente der Theologie der Befreiung. Dies gilt sowohl für ihre Methode als auch für ihre Inhalte. So zieht sich das Thema der Spiritualität wie ein roter Faden auch durch das gesamte theologische Werk von Gustavo Gutiérrez.

In der lateinamerikanischen Kirche diagnostizierte der peruanische Theologe Ende der sechziger Jahre eine ernsthafte Krise im persönlichen und gemeinschaftsbezogenen Gebetsleben vieler Christen, die sich dem Befreiungsprozess verschrieben hatten. Dagegen unterstrich er die Notwendigkeit des „kontemplativen Lebens" für ein echtes christliches Leben. Allerdings ging es für ihn dabei um ganz neue Wege der Kontemplation: Es gilt, eine Spiritualität der Befreiung zu entwickeln. So finden sich schon in seinem berühmten Werk von 1971 keimhaft einige wesentliche Merkmale der Spiritualität der Befreiung,[128] die er folgenderweise definierte: „eine umfassende und auf das Elementare zurückgeführte Lebenshaltung, die die Gesamtheit und jedes Details unseres Lebens durchdringt. [...] Spiritualität im strikten und tiefen Sinn des Wortes ist die Herrschaft des Geistes."[129] Die Entfaltung dieser Spiritualität blieb dem späteren Werk von Gutiérrez vorbehalten.[130]

Ein zentrales Merkmal dieser Spiritualität ist die enge Verklammerung von geistlicher Erfahrung und für die Gerechtigkeit engagierter Praxis. Dafür kann sich Gutiérrez auf die Propheten des Alten Testaments berufen, die Gotteserkenntnis und Praxis der Gerechtigkeit in einer engen Einheit verstanden: „Unterdrückung des Armen ist ein Attentat auf Gott selbst. Gotteserkenntnis heißt Praxis der Gerechtigkeit unter den Menschen."[131]

Im vorliegenden Kapitel soll dem Verhältnis von Spiritualität und Theologie im Werk von Gustavo Gutiérrez nachgegangen werden.

3.1 Eine umfassende Spiritualität

Die Anfangsbegegnung mit dem Herrn ist der Ausgangspunkt für die „Nachfolge", für die Jüngerschaft. Paulus nennt den jetzt beginnenden Weg „leben nach dem Geist" (Röm 8,4). Üblicherweise spricht man in diesem Zusammenhang von „Spiritualität".

---

[128] Vgl. Gutiérrez, G.: Theología de la liberación, a.a.O., 1971.
[129] Gutiérrez, G.: Theologie der Befreiung, a.a.O., 262.
[130] Gutiérrez, G.: Aus der eigenen Quelle trinken, a.a.O. Die Leitideen dieses Kapitel beziehen sich auf dieses Buch.
[131] Gutiérrez, G.: Theologie der Befreiung, a.a.O., 352.

In seinem Buch „Aus der eigenen Quelle trinken", das sich seinem Untertitel entsprechend als „Spiritualität der Befreiung" versteht, entfaltet Gutiérrez eingehender sein Verständnis der Dimension des Spirituellen im christlichen Leben. Es geht um eine umfassende Spiritualität: „Spiritualität ist nicht auf die sogenannten religiösen Aspekte wie Gebet und Gottesdienst beschränkt. Spiritualität ist keine regionale, sondern eine umfassende Wirklichkeit. Die ganze menschliche – persönliche und gemeinschaftsbezogene – Existenz setzt sich in Bewegung. Ein Lebensstil gibt unserem Beten, Denken und Handeln seine tiefe Einheit."[132]

Diesem umfassenden Verständnis von Spiritualität entsprechend ist jede echte Theologie auch spirituelle Theologie: Die Stärke und die Ausstrahlung einer Theologie bestehen in der geistig-geistlichen Erfahrung, von der her sie motiviert wird. Diese ist jedoch vor allem eine tiefgreifende Begegnung mit dem Herrn sowie mit dem, was er von uns will.[133] Jede Spiritualität will von einem zentralen Moment her die Grundlinien des christlichen Lebens neu bestimmen. Was den Unterschied zwischen der einen und der anderen Spiritualität ausmacht, sind nicht die erwähnten Grundlinien, die normalhin gleich sind, sondern die neuen Formen, wie sie einander zugeordnet und miteinander zu einer Synthese verbunden werden.[134] Das wiederum hängt von der Erfahrung ab, die zu einem geistigen Weg führt.

Die konkreten Formen, wie sich um einen grundlegenden Kern herum die Themen und die vom Evangelium her inspirierten Notwendigkeiten gruppieren, können verschieden sein. Trotzdem ist das Endresultat in jedem Fall eine umfassende Sicht, die jede große Spiritualität auszeichnet. Dazu sagt Gutiérrez: „Wir haben es immer mit einem Lebensstil zu tun, der *einer* Form des Christseins ihr besonderes Gepräge gibt, das heißt mit einem bestimmten Modell christlichen Lebens, denn keine Spiritualität kann den Anspruch erheben, *die* Form des Christseins darzustellen. Immer handelt es sich nur um einen Weg unter anderen."[135]

Außer Zweifel steht, dass das Wort „Spiritualität" biblische Wurzeln hat, in Abhandlungen über das christliche Leben immer wieder vorkommt und insgesamt ein zentraler und inhaltsreicher Begriff ist. Trotzdem muss zugegeben werden, dass er nicht frei von Missverständlichkeiten ist, zu denen es leider an vielen Stellen der Geschichte der Spiritualität und im Verständnis, das man von ihr hat, gekommen ist. Auf zwei Missverständnisse bzw. Beschränkungen des umfassenden Begriffes Spiritualität möchten wir hinweisen.

---

[132] Gutiérrez, G.: Aus der eigenen Quellen trinken, a.a.O., 99-100.
[133] Ebd., 46.
[134] Vgl. Gutiérrez, G.: Theologie der Befreiung, a.a.O., 254-255.
[135] Gutiérrez, G.: Aus der eigenen Quellen trinken, a.a.O., 1986, 83. Hervorhebungen im Original.

3.1.1 Christliche Spiritualität als Sache von Minderheiten

Lange Zeit wurde christliche Spiritualität als „Sache von Minderheiten" dargestellt. Offenbar ging sie nur ausgewählte und in gewisser Weise geschlossene Gruppen an, vor allem Orden und Kongregationen. Dabei bedeutete das Ordensleben im strikten Sinn des Wortes einen „Vollkommenheitsstand", in dessen Konsequenz, mindestens einschlussweise, auch die Existenz von unvollkommenen Ständen christlichen Lebens lag. Von ersterem erwartete man ein nachhaltiges und strukturiertes Bemühen um Heiligkeit, während letzteren im besten Fall weniger anspruchsvolle Parzellen von Heiligkeit zugedacht waren. Beim erstgenannten Weg bedurfte es eines gewissen Abstandes von der Welt und ihren täglichen Obliegenheiten (was somit eine Art der berühmten „fuga mundi" war), wohingegen es beim zweiten nicht darauf ankam und man ihn auch, mit weniger oder überhaupt nicht religiösen Sorgen belastet, bescheideneren Schrittes gehen konnte.[136]

Obwohl nicht immer klar erkannt und vielleicht auch nicht in jedem Fall gewollt, führte diese Sicht der Dinge zu einer Aufteilung der Christen in zwei Klassen oder, wenn man so will, zu zwei Wegen des christlichen Lebens.

So ist – nach Gutiérrez – eine nur für Minderheiten geltende Spiritualität doppelter Kritik ausgesetzt: „Auf der einen Seite geht es dabei um die geistige Erfahrung, die die Entrechteten und Randexistenzen wie auch alle, die sich mit ihnen solidarisieren, in ihren Befreiungskämpfen machen. Auf der Suche nach dem Herrn weht uns aus deren Erfahrung ein Hauch von Gemeinschaft und Volk entgegen, mit dem sich elitäre Modelle jedoch nicht vereinbaren lassen. Auf der anderen Seite haben wir es mit den Anfragen derer zu tun, die sich zwar um geistliche Dinge kümmern, aber allmählich merken, dass ihnen das nur deshalb möglich ist, weil sie – teilweise zumindest – keine materiellen Sorgen (Nahrung, Wohnung, Kleidung) haben. Mit solchen Problemen haben dagegen die Armen, also der größte Teil der Menschheit, täglich zu ringen."[137]

3.1.2 Spiritualität in einer individualistischen Perspektive

Ein zweites Merkmal dieser Spiritualität, das wir kommentieren wollen und das heute ebenfalls infrage gestellt wird, ist ihr „Individualismus". Häufig ist der geistliche Weg als eine Pflege individueller Werte, die einen der persönlichen Vollkommenheit näher bringen sollen, dargestellt worden. Geistiges Leben hieß deshalb auch „inneres Leben", und jeder erfuhr es tief in seinem Herzen.

Dieses Verständnis von Nachfolge Jesu wird gewöhnlich als „spiritualistisch" bezeichnet. Gutiérrez beschreibt es folgendermaßen: „Es zeigt wenig Interesse an zeitlichen Aufgaben. Vielmehr zeugt es von großer Fühllosigkeit ge-

---

[136] Ebd., 19-20.
[137] Ebd., 20-21.

genüber der Präsenz und den Bedürfnissen real existierender und konkreter Menschen, von denen auch Christen, die diese Art von Spiritualität praktizieren, umgeben sind."[138] In der Tat: Der Individualismus funktioniert wie ein Filter, der alles, was die Bibel massiv an gesellschaftlichen und geschichtlichen Feststellungen trifft, „spiritualisiert". So hat man zum Beispiel den Gegensatz zwischen „arm" und „reich" (gesellschaftliche Realität) zum Widerspruch zwischen „demütig" und „stolz" (innere Verfasstheit des einzelnen) verkürzt.

So gehen also Individualismus und Spiritualismus Hand in Hand und entleeren, ja entstellen gemeinsam, was Jesusnachfolge meint. Wer sich da auf das kollektive Abenteuer der Befreiung eingelassen hat, hält von einer solchen individualistischen Spiritualität für die Nachfolge Jesu nichts[139].

Wir haben deshalb auf diese zwei Linien in der Spiritualität hingewiesen, weil sie das verdeutlichen, was viele Christen erlebt haben und noch immer erleben. Viele wertvolle geistige Intuitionen und Erfahrungen sind dabei verzerrt worden. Heute liegen sie im Blickpunkt der Kritik, nicht nur weil sie den Erfahrungen der Gegenwart nicht mehr entsprechen, sondern auch weil sie von den Quellen her nicht mehr zu verantworten sind.

3.2 Das Volk auf der Suche nach Gott

Die Begegnung mit dem Herrn ist der Ausgangspunkt eines Lebens nach dem Geist. Dieses kommt darin zum Ausdruck, dass sich der Betreffende auf den Weg macht, um Gott zu suchen. Freilich geht es dabei um einen Weg, den ein ganzes Volk geht und nicht nur einzelne Personen. Gutiérrez sagt dazu: „Die paradigmatische Erfahrung, die das israelitische Volk auf seinem Exodusweg in das verheißene Land gemacht hat, bot zahlreichen Meistern der Spiritualität ein ganzes Arsenal von Bildern, mit denen sie ihre eigenen Erlebnisse beschreiben und verständlich machen konnten."[140] Die Apostelgeschichte bekräftigt noch einmal diese Sicht, indem sie das Christentum und den Stil des christlichen Lebens schlichtweg „den Weg" nennt. Gemeint ist der Weg, den der Geist „das messianische Volk", das heißt die Kirche, stets aufs Neue durch die Geschichte führt. Aber dieser Zug durch die Geschichte ist ein kollektives Geschehen, weil ja eine ganze Gemeinde unterwegs ist; und es ist ein umfassender Prozess, weil kein Aspekt der menschlichen Existenz unberührt bleibt. Die vielen Wege, die Christen durch die Geschichte hindurch in der Nachfolge Jesu gegangen sind, sind auch für uns Anlass dazu, die großen Themen des Evangeliums nach Maßgabe unserer Zeit neu zu sehen und zu einer neuen Synthese zu bringen.[141]

---

[138] Ebd., 23.
[139] Ebd., 24.
[140] Ebd., 101.
[141] Ebd., 101.

Eine ganze Gemeinde ist auch heute unterwegs. Das lateinamerikanische Volk befindet sich „auf dem Weg" auf „fremder Erde". In der Bibel ist das Land Inhalt einer Lebensverheißung. Die Kinder Gottes bewohnen es als Eigentümer und nicht als Fremdlinge. Dagegen bedeutet fremdes Land (dessen Prototyp für das jüdische Volk Ägypten ist) einen Ort der Ungerechtigkeit und des Todes. Es ist dem Menschen fremd und hat seine Bedeutung als Geschenk Gottes verloren. Die jahrhundertealte Unterdrückung, die die Mächtigen mit ihrem Ansinnen, jeden gesellschaftlichen Wandel zu verhindern[142], nur noch verschärft haben, hat eine Situation geschaffen, in der sich die große Mehrheit wie vertrieben vorkommt und sich gezwungen sieht, wie Fremdlinge in ihrem eigenen Land zu leben.

Die Frage, die sich uns in Lateinamerika stellt, lautet: Wie kann man in einer Wirklichkeit vorzeitigen und ungerechten Todes Gott für die Gabe des Lebens danken? Wie kann man, umgeben von all dem Leid seiner Brüder und Schwestern, Freude darüber spüren, sich vom Vater geliebt zu wissen? Wie ist jemand imstande zu singen, wenn der Schmerz eines ganzen Volkes ihm die Stimme zu verschlagen scheint?

„Die[se] Frage" – betont Gutiérrez – „ist wie ein scharfes, tief schneidendes Messer; und mit eilfertigen Antworten, die die Situation von Ungerechtigkeit und Randdasein der großen Mehrheit unserer lateinamerikanischen Bevölkerung nicht ernstnehmen, ist es nicht getan."[143] Aber klar ist ebenfalls, dass auch dieser Zustand den Gesang nicht ersterben lässt und den Armen nicht die Stimme verschlägt. Die Dinge, wie sie liegen, bedeuten unter verschiedenen Gesichtspunkten für die Spiritualität gewisser christlicher Kreise einen Urteilsspruch und eine Krise. Dennoch stellen sie zugleich auch eine „günstige Gelegenheit", eine hohe Zeit, einen *kairós* (vgl. *2 Kor 6,2*), dar, in dem Gott sich uns intensiv offenbart und uns neue Impulse für den Weg der Treue gegenüber seinem Wort zukommen lässt.[144]

Durch ungerechte Gesellschaftsstrukturen aus einem Land, das letztlich allein Gott gehört (Ex 19,5: „Mir gehört die ganze Erde"; vgl. Dtn 10,14), verbannt und klar darum wissend, dass sie vertrieben worden sind, treten in der lateinamerikanischen Geschichte die Armen jetzt aktiv auf den Plan und machen sich auf den Weg, um das wiederzubekommen, was ihr Eigentum ist. Mit ihrem Kampf um ihre Rechte begeben sie sich dabei auf die Suche nach dem Reich Gottes und seiner Gerechtigkeit, das heißt auf einen Weg, der sie zur Begegnung mit dem Gott des Reiches führt. In diesem gemeinschaftlichen Befreiungsaben-

---

[142] Vgl. Gutiérrez, G.: Die historische Macht der Armen, a.a.O., 125-189.
[143] Gutiérrez, G.: Aus der eigenen Quellen trinken, a.a.O., 14.
[144] Ebd., 14.

teuer werden die Forderungen des klassischen geistlichen Kampfes vertieft und gewinnen soziale und historische Dimensionen.[145]

3.2.1 Die Spiritualität eines Volkes

Der Exodus des Volkes Israel sowie das Leben der Urkirche bilden die Grunddaten und die Quelle für viele andere Erfahrungen, die Menschen in der jüdisch-christlichen Tradition gemacht haben.

Gutiérrez spricht über einen „Aufbruch aus Ägypten", das heißt: „mit dem Tod (der für Sklavendasein und Not steht) brechen, Jahwe entgegengehen und sich inmitten seines Volkes bekehren."[146] Auf diesem Weg der Befreiung – und nicht abseits davon – sind wir auf der Suche nach Gott. Dies ist der letzte Sinn des ganzen Prozesses.

Die Suche nach Gemeinschaft mit dem Herrn bestimmt den gesamten Befreiungsprozess und bildet das Kernstück dieser geistigen Erfahrung eines ganzen Volkes. Das verheißene Land ist nicht nur ein neues Land, sondern Gabe einer radikal neuen Situation. Das Land, in dem es am Ende weder Ausbeutung noch Not geben wird, ist ungeschuldetes Geschenk des Herrn – Pfand dafür, dass er sich dem Volk, mit dem er einen Bund schließt, selbst geben wird: „Ihr werdet mein Volk sein, und ich werde euer Gott sein" (Hes 36,28). Dieses Geschenk bringt alles in Bewegung und bestimmt den Prozess von Anfang an.

3.2.2 Das neue Lied der Armen

Fremdes Land, Zug durch die Wüste, Prüfung und Gericht. Dennoch ist Gott in diesem Land nicht abwesend. Samenkörner einer neuen Geistigkeit keimen. Neue Lieder sprießen Gott entgegen. Aus ihnen strahlt echte Freude, genährt von der Hoffnung eines Volkes, das Armut, Verachtung und Leid zur Genüge kennt.

So erlebt man in Lateinamerika gegenwärtig eine hohe Zeit, einen *kairós*[147]. Der Herr sagt: „Ich stehe vor der Tür und klopfe an. Wer meine Stimme hört und die Tür öffnet, bei dem werde ich eintreten, und wir werden Mahl halten, ich mit ihm und er mit mir" (Offb 3,20). Es gibt hier und heute viele, die seinen Ruf hören und die Türen ihres Lebens öffnen. So erlebt man auf dem lateinamerikanischen Subkontinent eine Zeit, in der Gott in besonderer Weise zum Heil der Menschen wirkt und ihnen einen neuen Weg für die Nachfolge Jesu ebnet.

---

[145] Ebd., 17.
[146] Ebd., 84.
[147] Einige Gedanken dieses Abschnitts befinden sich in: Gutiérrez, Gustavo: Fidelidad a la vida. In: Signos de vida y fidelidad. Lima: CEP, 1983, 17-22.

Obschon uns immer deutlicher bewusst wird, dass sich Lateinamerika in einer schwierigen Lage befindet und dass gerade das arme Volk davon schwer getroffen wird, betont Gutiérrez, dass wir uns nicht dem Trugschluss hingeben dürfen, als wäre das das Neue dieses Augenblicks.[148] „Das Novum besteht weder im Elend noch in der Repression noch im vorzeitigen Tod" – sagt Gutiérrez –; „alles das gibt es leider schon seit alters her in unseren Ländern. Das Neue besteht vielmehr darin, dass dieses Volk allmählich entdeckt, was die Ursachen für diese Unrechtssituation sind, und dass es versucht, dieses Joch abzuschütteln. Neu und entscheidend ist weiterhin die Bedeutung, die der Glaube an Gott den Befreier in diesem Prozess hat."[149]

Auch wenn wir die Dinge so einschätzen, übersehen wir noch lange nicht, wie mühselig der Weg ist, den das arme Volk zu gehen hat, und spielen ebenso wenig die Hindernisse herunter, die sich ihm bei seinem Einsatz zur Verteidigung der elementarsten Rechte in den Weg stellen. Die Realitäten von Elend, Ausbeutung, Anfeindung und Tod sind so drängend und brutal, dass wir das einfach nicht vergessen dürfen. Hier, muss man deutlich sagen, geht es nicht um einen billigen Optimismus, sondern um das feste Vertrauen auf die historische Kraft der Armen und insbesondere um eine unerschütterliche Hoffnung auf den Herrn.

All die Hochherzigkeit – die Menschen, nicht selten getränkt mit ihrem eigenen Blut, in den letzten Jahren bezeugt haben – befruchtet den Boden unserer lateinamerikanischen Länder und bedeutet für die christlichen Gemeinden einen zugegebenermaßen herausfordernden, aber auch reichen Augenblick ihrer Geschichte. In der Gestalt und mit den Händen der Rechtlosen klopft der Herr nachdrücklich an unsere Tür. Dieses arme Volk in seiner Hoffnung stärken, heißt für die Kirche das Mahl bejahen, zu dem uns der Gott des Reiches einlädt. Wir sprachen von einer „evangelisatorischen Chance". Die Frage ist, ob wir sie zu nutzen verstehen.[150]

Solidarität, Gebet und Martyrium qualifizieren unsere Gegenwart als eine Zeit des Heils und des Gerichts, der Gnade und des Gefordertseins, vor allem aber der Hoffnung.

3.3 Eine befreiende Spiritualität

Im Kontext des Befreiungskampfes, der auf Liebe und Gerechtigkeit unter allen Menschen abzielt, tut sich der Nachfolge Jesu in Lateinamerika ein besonderer

---

[148] Gutiérrez, G.: Aus der eigenen Quellen trinken, a.a.O., 27.
[149] Ebd., 27-28.
[150] Ebd., 34.

Weg auf. Freilich ist diese neue Spiritualität, eine befreiende Spiritualität, erst im Entstehen und lässt sich noch nicht in präzise Muster einfangen.[151]

Wir sind uns der Schwierigkeit bewusst. Um aber hier nicht halt machen zu müssen, wagen wir es dennoch, die Spiritualität, so wie sie sich gegenwärtig in Lateinamerika abzeichnet, mit einigen Pinselstrichen zu skizzieren. Wir werden versuchen, einige Erfahrungen und Gedankengänge zu systematisieren. Allerdings fehlen uns nach Gutiérrez die Perspektiven und die Distanz, die notwendig wären, um es besser zu machen. So ist das Folgende als offener Entwurf zu verstehen, der noch differenziert werden müsste und für Überraschungen und Ergänzungen gut ist.

3.3.1 Bruch und Solidarität

Umkehr ist der Ausgangspunkt jeden spirituellen Weges. Eine befreiende Spiritualität wird ihr Zentrum in der Bekehrung zum Nächsten finden müssen, zum unterdrückten Menschen, zur ausgebeuteten sozialen Klasse, zur verachteten Rasse und zum beherrschten Land. Unsere Bekehrung zum Herrn geht durch diese Bewegung hindurch. Bekehrung im Sinne des Evangeliums ist in der Tat der Prüfstein einer jeden Spiritualität. Bekehrung bedeutet eine radikale Veränderung unserer selbst, d.h. wir müssen denken und fühlen lernen wie Christus, der im ausgeraubten und entfremdeten Menschen gegenwärtig ist. Wer sich bekehrt, lässt sich überlegt, realistisch und konkret in die Pflicht des Prozesses nehmen, der die Armen und Ausgebeuteten zur Befreiung führen will. Es handelt sich somit um einen Bruch mit unseren liebgewonnenen geistigen Kategorien und mit unserer Art und Weise, mit den anderen in Beziehung zu stehen und uns mit dem Herrn zu identifizieren. Wir haben mit unserer kulturellen Umwelt und gesellschaftlichen Klasse zu brechen, d.h. mit allem, was eine wirkliche und tiefgreifende Solidarität, mit all denen unmöglich macht, die leiden, und zwar besonders mit denen, die an einer Situation des Elends und der Ungerechtigkeit leiden. Nur so und nicht in vermeintlichen rein inneren und geistigen Haltungen kann auf den Trümmern des „alten Menschen" der „neue Mensch" entstehen.

Hinzukommt, dass während der letzten vierzig, fünfzig Jahre hat in der Erfahrung und im Denken der Christen die Bewertung der irdischen Wirklichkeiten eine beträchtliche Veränderung erfahren hat, die vom Zweiten Vatikanischen Konzil dann auch bestätigt wurde. Damit hängt auch eine neue Wertschätzung des menschlichen Körpers zusammen. Angeregt durch diese Entwicklung, haben bestimmte christliche Kreise vor allem in den reichen Ländern angefangen, die Forderungen des Körpers ernst zu nehmen[152]. Sie wollen Schluss ma-

---

[151] Für den Folgenden Abschnitt siehe insgesamt: Gutiérrez, G.: Aus der eigenen Quellen trinken, a.a.O., 102-148.
[152] Einschließlich in gottesdienstlichen Veranstaltungen. So denken wir etwa an moderne Tänze und andere körperliche Ausdrucksformen.

chen mit einer Spiritualität, in der die physische Seite ihres Lebens ignoriert wird. Wie man diese neue Sicht auch einschätzen mag, unsererseits möchten wir nur anmerken, dass die Sorge um das Körperliche, die sich bei uns ausbreitet, einen anderen Weg geht. Denn bei uns geht es in der Tat ja nicht um die physischen und materiellen Dimensionen unserer selbst. Uns brennt das Materielle auf den Nägeln, weil es der großen Mehrheit unserer Bevölkerung an Brot, Gesundheit, Wohnung und an derartigen Dingen fehlt. Das Physische liegt in der sogenannten Dritten Welt auf der Ebene der Grundbedürfnisse des Menschen. Nicht „mein Körper", sondern der geschwächte und ohnmächtige „Körper des Armen" vermittelt der spirituellen Sehweise die materiellen Daten. Nach dem Motto von N.A. Berdjajew: „Wenn ich Hunger habe, ist das ein materielles Problem; wenn jemand anders Hunger hat, ist das ein geistiges Problem".

Die Sorge um die materiellen Bedürfnisse des Volkes ist ein Element unserer Geistigkeit. Daran, wie wir sie konkretisieren, entscheidet sich, wie echt unsere Umkehr zum Herrn ist: Liebeswerke beinhalten ein persönliches Sich-Hingeben und beschränken sich nicht auf die Erfüllung einer Pflicht. Damit die Liebe zu den Armen echt und konkret werden kann, muss der, der sie praktiziert, bis zu einem gewissen Grad in ihrer Welt zu Hause sein und mit denen, die bedürftig sind und Ungerechtigkeiten erleiden, freundschaftlich verbunden sein. Solidarisch ist man in der Regel nicht mit „dem Armen" schlechthin, sondern mit Menschen ans Fleisch und Blut. Ohne Freundschaft, ohne Zuwendung und – warum sollte man es nicht sagen dürfen? – ohne Zärtlichkeit gibt es kein wirklich solidarisches Verhalten.

3.3.2 Klima der Wirksamkeit

Die Erfahrung der ungeschuldeten Liebe Gottes ist primär und zentral für das Leben des Christen. Eine befreiende Spiritualität muss durchdrungen sein vom Erlebnis, „unverdient beschenkt" zu sein. Denn Gemeinschaft mit dem Herrn und mit allen Menschen ist vor allem ein Geschenk.

Diese Erfahrung ist der Raum der Begegnung mit dem Herrn. Ohne Gespür für Ungeschuldetheit gibt es auch keine Kontemplation. Kontemplation ist keine Lähmung, sondern Bewegung auf totale Hingabe hin. An Gott glauben heißt dann letztlich: sein Leben als Geschenk aus Gottes Hand und alles, was es bringt, als Bekundungsformen dieses Geschenks ansehen.

Es soll betont werden, dass eine derartige Spiritualität als unverdiente beschenkte Erfahrung alles andere als eine Einladung zur Passivität ist. Vielmehr ruft sie zur Haltung der Wachsamkeit und Wirksamkeit auf.

In dem Maß, in dem sich jemand in den historischen Prozess hineinbegibt, wächst normalhin auch seine Sorge, dass sein Handeln realistisch ist und wirksam wird. Dies ist eine wesentliche Komponente in der Lebenserfahrung lateinamerikanischer Christen. „Die Welt der Armen", sagte treffend Erzbischof

Romero, „lehrt uns, wie christliche Liebe auszusehen hat, dass sie selbstverständlich ungeschuldet und verdankt sein, aber ebenso in die Geschichte hineinwirken muss."[153] Dass wir gerade die Wirksamkeit betonen, ist eine Form, mit der wir unsere Liebe zum Mitmenschen ausdrücken wollen. Dass das Reich Gottes ein ungeschuldetes Geschenk ist, hebt die Wirksamkeit nicht auf, sondern fordert sie geradezu. „In Anbetracht des gnadenvollen Gottes müssen wir ein Reich sichtbar werden lassen, das nicht bloß eine Energie im Dienst an der menschlichen Entwicklung ist, das vielmehr auf einer Begegnung mit einem persönlichen Gott gründet, das uns mit seiner ganzen Wärme als *Geschenk* gegeben wird und das – da es uns gegeben wird – das menschliche *Bemühen* um den Aufbau einer besseren Welt weder überflüssig macht noch mit ihm in Konkurrenz tritt."[154]

3.3.3 Freude: Sieg über das Leiden

Die Bekehrung zum Nächsten und in ihm zum Herrn wie auch das unverdiente Beschenktsein, das uns die volle Begegnung mit den Mitmenschen untereinander und mit Gott ist, macht die Quelle der christlichen Freude aus. Die Freude entsteht aus dem schon empfangenen und noch zu erwartenden Geschenk und sucht auch in der Gegenwart nach Ausdrucksformen – trotz der Härte und der Spannungen des Kampfes beim Aufbau einer gerechten Gesellschaft. Jede prophetische Ankündigung der ganzheitlichen Befreiung wird begleitet von einer Einladung zur eschatologischen Freude: „Ich werde jubeln über Jerusalem und frohlocken über mein Volk" (Jes 65,19). Die Freude hat unsere ganze Existenz zu erfüllen. Wir sollen jubeln sowohl über das Geschenk der Geschichte und der umfassenden Befreiung des Menschen als auch über den Einzelaspekt unseres und der anderen Leben.

Gegenüber dieser Freude stellt sich die Frage, ob man darüber reden kann, besonders in der Situation Lateinamerikas mit einer nichtendenwollenden Kette von Nöten: Es fehlt an allem; man wird missbraucht und missachtet, legt sich krumm, um eine Arbeit zu finden, macht die unglaublichsten Klimmzüge, um sein Leben zu bestreiten oder – genauer – um ein Stück Brot aufzutreiben, und streitet sich um jeden Kram. Kinder leiden an Unterernährung und sterben reihenweise. Für ihre Erzeugnisse und Waren bekommen die Menschen ungerechte Preise; keiner weiß, was ihnen und ihren Familien am dringlichsten fehlt; Verwahrlosung und Verzweiflung treiben sie ins Verbrechen, und sie gehen ihrer eigenen kulturellen Werte verlustig.

---

[153] Erzbischof O. Romero, Ansprache zur Verleihung der Ehrendoktorwürde der Universität Löwen am 2.2.1980. In: Internationales Katholisches Missionswerk (Hrsg.): Missio-Informationen. München, 4/1980, 9-19, hier 16.
[154] CLAR (Confederación Latinoamericana de Religiosos = Lateinamerikanischer Verband der Ordensleute), Documento de la IV Asamblea General, Dezember 1969, In: Signos de liberación. Lima: CEP, 1973, 279. Hervorhebungen im Original.

Menschen, die derlei schmerzliche Erfahrungen machen, wissen jedoch auch, dass in all der unverdienten Quälerei etwas Neues sprießt: dass sich nämlich das arme Volk der Zusammenhänge bewusst wird, sich organisiert und seinen befreienden Glauben lebt. Daher rührt dann auch das besondere Zeichen der Hoffnung, aus der dieses Volk allmählich voller Freude lebt. Denn das Gegenteil von Freude – sagte jemand in einer Werkstatt-Tagung über volksverbundene Spiritualität in Lima – ist nicht das Leid, sondern die Traurigkeit. Was wir meinen, ist allerdings keine billige, sondern eine reale Freude, keine oberflächliche gute Laune aus Ahnungslosigkeit oder Resignation, sondern jene Genugtuung, die der Überzeugung entspringt, dass Misshandlung und ungerechtes Leiden ein Ende haben werden. Dieses ist eine österliche Freude, die einer Zeit des Martyriums ansteht.

Das arme und gläubige Volk hat – trotz der harten Lebensbedingungen – nie seine Lust am Feiern verloren. Jetzt aber ist die Quelle des Feiernkönnens die Hoffnung. Das Ergebnis davon ist in den Gruppen, die sich besonders stark mit dem Leiden der Armen und Unterdrückten auseinandersetzen, eine noch intensivere Beschäftigung mit der Frage, was es heißt, nach der Osterbotschaft zu leben.

Heute in Lateinamerika das Recht der Armen auf Leben verteidigen bedeutet leicht: Kummer, wenn nicht den Tod auf sich nehmen müssen[155]. Dieses Ergebnis, das nur auf den ersten Blick paradox anmutet, zeigt, welche Widerstände es zu überwinden gilt, wenn man die in Lateinamerika herrschende Situation „antievangelischer Armut" verändern will. „Das Kreuz tragen", schreibt der peruanische Kardinal Juan Landázuri, „heißt dafür leiden, dass wir versuchen, das zu ändern, was Medellin ‚Situation der Sünde' (Frieden 1) und ‚Situation institutionalisierter Gewalt' (Frieden 16) nennt und was in den ungerechten Strukturen, welche die Lage in Lateinamerika kennzeichnen, unübersehbar zutage tritt (Gerechtigkeit 1)".[156] Dafür stecken Christen in jener Zeit und heute alle Art von Strafen, Verdächtigungen, Verleumdungen, systematischen Angriffen, Verhaftungen, Folter und Verbannung ein. Freilich ist das alles auch eine gründliche Läuterung unseres Engagements.

Die Hingabe kann bis zum physischen Tod gehen. Mit Recht heißt es, jede Spiritualität habe auch eine martyrale Dimension. Diese ist wie ein roter Faden, der sich durch alle spirituelle Erfahrung in Lateinamerika zieht. „Der Glau-

---

[155] So sagte Johannes Paul II. am ersten Jahrestag der Ermordung von Erzbischof Oscar Romero: „Ein Jahr ist es her, dass Erzbischof Romero, der eifrige Hirt, am 24. März 1980 bei der Feier der heiligen Messe ermordet wurde. So krönte er, dem vor allem an den Ärmsten und an den Randexistenzen gelegen war, seinen Dienst mit seinem Blut. Damit gab er ein Zeugnis, das als Symbol für die Leiden eines Volkes, aber auch als Grund der Hoffnung auf eine bessere Zukunft bestehen bleibt" (L´Osservatore Romano, 29.3.1981, 4).
[156] „Cruz y resurrección", Pastorale Ermahnung am 26.2.1978. In: Boletín del Arzobispado de Lima (Hrsg.), August 1978, 4.

be lässt uns erkennen, dass die Kirche in Guatemala gegenwärtig eine Zeit der Gnade und der Hoffnung durchlebt. Verfolgung ist immer ein klares Zeichen für Treue zu Christus und zu seinem Evangelium gewesen. Das Blut unserer Märtyrer wird zum Samenkorn für eine Vielzahl neuer Christen. Es tröstet uns, feststellen zu können, dass wir mit unserem Teil dazu beitragen, dass das ergänzt wird, was an den Leiden Christi zur Erlösung der Welt noch fehlt (Kol 1,24)."[157]

Im täglichen Leiden des armen Volkes, das sich dem Kampf gegen die Ursachen seiner Lage verschrieben hat, kommt der Osterbotschaft eine ganz neue Relevanz zu. Die Erfahrung des tausendfachen Mordes an namenlosen sowie bekannten Lateinamerikanern gibt uns einen noch tieferen Einblick in die Bedeutung der Auferstehung des Herrn. So ist die Freude die Frucht der Hoffnung, dass der Tod nicht das letzte Wort in der Geschichte hat. Aus tiefer Freude, die in der Armut gereift ist und das Leid besiegt hat, lernt das arme Volk in Lateinamerika dank „der Gnade Gottes" seine „tiefe Armut in den Reichtum selbstlosen Gebens" zu verwandeln (2 Kor 8,1-5).

3.3.4 Geistige Kindschaft: Bedingung für das Engagement an der Seite der Armen

Das klare Bewusstsein davon, dass die große Mehrheit der lateinamerikanischen Bevölkerung in einer Situation der Armut lebt, hat die Notwendigkeit deutlich gemacht, zwischen der häufig sogenannten materiellen Armut und der geistigen Armut in der Nachfolge Jesu und als Zeugnis der Kirche eine fruchtbare Zuordnung herzustellen.

Die Dringlichkeit dieser Verbindung zwischen geistiger Kindschaft (dies ist die eigentliche Bezeichnung für geistige Armut) und realer Armut als zentrales Element in der Spiritualität Lateinamerikas hat im Laufe der Jahre keineswegs abgenommen. Im Gegenteil: Die Erfahrungen haben sie nur noch verschärft, und auch die Arbeit daran ist weitergegangen und gründlicher geworden. Trotz Widersprüchen, kann man sagen, herrscht im Prinzip weithin Einmütigkeit darüber, dass sich die Christen auf die Situation der Armut, in der die Mehrheit der lateinamerikanischen Bevölkerung steckt, einlassen müssen. Konsens herrscht auch darüber, dass ohne diese Art von Solidarität ein Sich-Lösen von den Gütern der Welt eine Illusion ist.

Dieser Haltung dem Herrn wie den Brüdern und Schwestern gegenüber bedarf es, wenn man sich auf die Welt der Armen einlassen will. Ja, sie ist eine unumgängliche Bedingung für die Solidarität. Nur wer wie ein Kind wird, kommt in das Himmelreich (vgl. Mt 18,3). Aber auch der Weg in die Welt der Armen führt über die geistige Kindschaft. Denn die Armen sind ja die Lieb-

---

[157] Bischofskonferenz von Guatemala: Erklärung vom 6.8.1981. In: Morir y despertar en Guatemala. Lima: CEP, 1981, 118.

lingskinder in Gottes Himmelreich: nur auf der Grundlage der geistigen Kindschaft sind wir fähig, uns wirklich an der Seite der Armen und Unterdrückten unseres Erdteils zu engagieren.

In Maria, der Mutter des Herrn, findet die geistige Kindschaft ein bleibendes Vorbild. Als Frau und Tochter eines Volkes, das seine ganze Hoffnung auf den Herrn setzte, wie auch als Jüngerin dessen, der die Wege zum Vater beschrieb, öffnet sie den Nachfolgern Jesu die Bahn.[158] Das Magnifikat-Lied, das Lukas Maria singen lässt, bringt treffend zum Ausdruck, was viele lateinamerikanische Christen in ihrer Praxis heute spüren: Die Freude über die Anwesenheit der Liebe Gottes weitet das Herz zur Danksagung und zur Hinwendung zu den anderen. So verbinden sich im Magnifikat Vertrauen und Hingabe an Gott mit dem Willen zum Engagement und zur Nähe zu seinen Lieblingskindern, zu den Demütigen und Hungrigen.

3.3.5 Gemeinschaft: Aus der Einsamkeit

Die Hervorhebung des Gemeinschaftscharakters des Glaubens ist ein Merkmal des Christenlebens unserer Tage. In Lateinamerika kommt diese Entwicklung in den kirchlichen Basisgemeinden zum Ausdruck. So stoßen wir auf einen weiteren Grundzug einer befreienden Spiritualität.

In diesem Absatz soll herausgearbeitet werden, dass für viele Christen im lateinamerikanischen Subkontinent die Gemeinschaftsdimension nicht einfach ein zusätzliches Faktum ist, das sich – mir nichts dir nichts – an ihr bisheriges Christenleben anhängt. Häufig haben sie nämlich zum Leben in Gemeinschaft auf einem unerwarteten Weg gefunden: durch die schmerzliche und aufwühlende Erfahrung der Einsamkeit. Die Erfahrung der Wüsteneinsamkeit ist ein grundlegender Aspekt der Begegnung mit Gott. Der Zug durch die Wüste ist der Weg des reinen Glaubens, ohne jede andere Unterstützung und Führung als die durch Gott selbst. In der Einsamkeit spricht Gott in unserem Innern (vgl. Hos 2,16), ruft uns zur Treue und erweist sich uns als Tröster. Mit Gott, der uns die Gabe der Freude tief ins Herz legt, alleine zu sein, ist eine unaustauschbare und unbeschreibliche Erfahrung, die sich kaum vermitteln lässt.

Aber die Erfahrung der Einsamkeit gewinnt in unserer Situation besondere Züge. Die Einsamkeit führt zu der unabweisbaren Erkenntnis, wie wichtig die christliche Gemeinde ist – und zwar nicht als Einrichtung, in der man sich würdigt mitzumachen (beinahe als ob man sich auch für das Gegenteil entscheiden könnte), sondern als kirchliche Grundkomponente auf dem Weg, so wie der Geist ihn führt.

---

[158] Vgl. Méndez Arceo: Maria – höchste Ausdrucksform des Weiblichen. Homilie in der Wallfahrtskirche von Guadalupe. 26.5.1982: „Maria singt das Lied, das heute zum Lied des armen Volkes geworden ist, des christlichen Volkes, besonders jenes Volkes, das sich in den christlichen Basisgemeinden zusammenfindet". In: Signos de vida y fidelidad, o.O., 137.

Der Weg durch die Wüste des lateinamerikanischen Volkes führt zwangsläufig, wie Johannes vom Kreuz sagt, durch „tiefste und endlose Einsamkeit". Das ist die Erfahrung vieler, die sich bemühen, mit den armen Massen von Lateinamerikanern solidarisch zu sein. Echtes Engagement ist ohne Schwierigkeit nicht zu haben. Der Weg durch die Einsamkeit führt zu einem tiefen Leben in Gemeinschaft. Denn die Einsamkeit, die wir meinen, ist etwas wesentlich anderes als Individualismus. Der Individualist zieht sich bewusst in die ruhigen Gemächer seiner Privatsphäre zurück. Dagegen sehnt sich, wer Einsamkeit erlebt, nach Gemeinschaft. Wer durch die Wüste muss, kommt ohne Hilfe der Gemeinde nicht aus. Ja, nur in Gemeinschaft ist es möglich, die Strecke zu bewältigen. So heißt es etwa in einem Text aus den kirchlichen Basisgemeinden in Brasilien: „In Anbetracht der Drohungen, Missverständnisse und Verfolgungen in Sachen Gerechtigkeit stützen sich unser Glaube und unser Mut auf unsere Gemeinde. Wir stärken uns gegenseitig. Eine Gemeinde hilft der anderen, dadurch dass sie für dieselben Anliegen einsteht und kämpft, das Wort Gottes meditiert und die Erinnerung an das Zeugnis derer, die für die Gerechtigkeit gekämpft haben, wach hält."[159]

Die Gemeinde ist auch der Ort, an dem die Erinnerung an den Tod und an die Auferstehung des Herrn gefeiert wird. Das Brotbrechen und das Gebet sind zugleich Ausgangspunkt und Ziel der christlichen Gemeinde. Im Brotbrechen und im Gebet bekunden wir unsere tiefe Gemeinschaft mit dem Schmerz der Menschen und danken dem Auferstandenen freudig dafür, dass er dem Volk, das er mit seinen Worten und Taten zur „ecclesia" zusammenruft (vgl. Lk 24,30-31), Leben und Hoffnung schenkt. Und: Wenn das Herrenmahl „unter den Armen und Unterdrückten gefeiert wird, ist es sowohl Verheißung als auch Forderung nach Gerechtigkeit, Freiheit und Gemeinschaft, für die ja die Völker der Dritten Welt kämpfen."[160] So ist die Kirchlichkeit eines der charakteristischen Merkmale einer befreienden Spiritualität, die in Lateinamerika im Entstehen ist.

3.4 Schritte zu einer befreienden Spiritualität

Die Zeit, die im Moment in Lateinamerika gelebt wird und die voller Fragen und Perspektiven, Engführungen und neuer Wege, Nöte und Hoffnungen ist, ist zum Quellort einer neuen Art von Jesusnachfolge geworden. „Neu" heißt dabei

---

[159] Schlussdokument des Zweiten Nationaltreffens Kirchlicher Basisgemeinden in Vitória – Espírito Santo, Brasilien. In: Signos de lucha y esperanza 314, 01/1975.
[160] Vierter Internationaler Ökumenischer Theologie-Kongress vom 20.2. bis zum 2.3.1980 in Sao Paulo, Schlusserklärung, Nr. 61. In: Herausgefordert durch die Armen. Dokumente der Ökumenischen Vereinigung von Dritte-Welt Theologen 1976-1983. Freiburg-Basel-Wien, 1983, 85-106, hier 99.

so viel wie „spezifisch", orientiert an den Realitäten, die uns hierzulande umgeben.[161]

Gutiérrez sagt dazu: „In ihnen verzehrt – und vermischt – das Feuer des menschlichen Schmerzes über das Elend der Armen und über die Gräuel, deren Opfer sie werden, aber auch das Feuer der Gottesliebe, die vor allem in denen glüht, die aus Liebe zu den Brüdern und Schwestern ihr Leben hingegeben haben, verschiedene Elemente unserer Wirklichkeit und unserer Geschichte."[162] Aber aus diesem Prozess – der nur scheinbar destruktiv ist, weil er auch einen entschieden schöpferischen Aspekt hat – geht „das geläuterte Gold" (Offb 3,18) einer neuen Spiritualität hervor.

Die konkreten Formen der Jesusnachfolge stehen immer in Verbindung mit den großen historischen Bewegungen ihrer Zeit[163]. Wer um diese Konstante weiß, versteht besser, was heute vor unseren Augen in Lateinamerika geschieht. Vielleicht mangelt es uns an der Perspektive, um das Faktum wahrzunehmen; die unmittelbare Fühlung mit dem Geschehen verwehrt uns den notwendigen Abstand. Aber das ist es, was wir inzwischen erleben. Dass die Armen auf den Plan treten, kommt im Selbstbewusstsein und der Selbstorganisation der lateinamerikanischen Unterdrückten und Randexistenzen zum Ausdruck.

Mit einer unerschütterlichen Hoffnung auf den Herrn hat sich ein ganzes Volk – mit all den Werten seiner Überlieferung sowie dem Reichtum seiner jüngsten Erfahrung – in Marsch gesetzt, um eine Welt zu schaffen, in der Menschen wichtiger sind als Sachen und alle in Würde leben können. Das nennen wir den historischen Befreiungsprozess, der mit seinen Ideen und mit seinem Ungestüm den ganzen Erdteil erfasst hat. Zugegeben: „Das Ganze steckt noch in den Kinderschuhen, und mit Triumph und Beifall der ganzen Welt ist es nichts" – erwähnt Gutiérrez.[164] Wohl aber stößt der Prozess immer wieder auf Hindernisse und ist noch lange nicht in alle Ecken Lateinamerikas und alle Winkel unseres Volkes vorgedrungen, dennoch haben wir es mit etwas zu tun, das sich inzwischen konsolidiert hat und das trotz aller Höhen und Tiefen zum Wertvollsten und Verheißungsvollsten gehört, was das lateinamerikanische Volk zu bieten hat.

Was wir da beschreiben, ist zunächst einmal keine innerkirchliche Bewegung, sondern ein Prozess, der sich durch die Geschichte des gesamten lateinamerikanischen Volkes hindurchzieht. Nichtsdestoweniger erfasst er auch die Kirche und spiegelt sich in ihr wider. Es geht um eine Bewegung von großer

---

[161] Gutiérrez, G.: Aus der eigenen Quellen trinken, a.a.O., 34.
[162] Ebd., 34.
[163] Vgl. Gutiérrez, G.: Aus der eigenen Quelle trinken, a.a.O., 35-36: „Jeder bedeutende spirituelle Entwurf hat mit den großen historischen Bewegungen seiner Zeit zu tun. Allerdings ist damit keine mechanische Abhängigkeit gemeint, wohl aber ist wahr, dass die Nachfolge Jesu tief in den Werdegang der Geschichte eingreift".
[164] Ebd., 36.

Tragweite, die die Welt, in der die Kirche nun mal angesiedelt ist und sich als Heilssakrament und Zeugengemeinschaft vom Leben des Auferstandenen zu bewähren hat, unübersehbar prägt.[165]

Der Kampf des armen Volkes um Befreiung artikuliert sein Recht auf Leben. In diesen wechselvollen Kämpfen entwickelt das unterdrückte und gläubige Volk mehr und mehr seine eigene Art von Christsein, seine eigene Spiritualität. Die geschichtliche Erfahrung der Befreiung, die sie nach und nach machen, eröffnet ihnen – besser: eröffnet ihnen wieder – eine Gewissheit, die ganz tief in ihnen steckt: Gott will, dass die, die er liebt, leben!

Gutiérrez ist überzeugt davon, dass der Einzug der Armen in die lateinamerikanische Gesellschaft und in die lateinamerikanische Kirche also im Grunde ein Einbrechen Gottes in unser Leben bedeutet. Damit ist der Aufbruch der Armen sowohl der Ausgangspunkt als auch die tragende Achse der neuen Spiritualität. Er weist uns den Weg zum Gott Jesu Christi.

Überraschend mag sein, dass das Subjekt der Erfahrung, das eine Spiritualität in Bewegung setzt, ein ganzes Volk und nicht eine herausragende und – wenigstens zu Beginn – isolierte Persönlichkeit ist: die Nachfolge Jesu ist nichts für Individualisten, sondern ein kollektives Abenteuer. So entdecken wir wieder, was in der Bibel mit dem Zug des Volkes auf der Suche nach Gott gemeint ist.

Der zentrale Punkt bei dieser Art der Nachfolge Jesu besteht „in der Dialektik zwischen Tod und Leben. Im Sieg des Auferstandenen zeigt sich uns der Gott unserer Hoffnung. So stehen wir vor einer strikt und zutiefst österlichen Spiritualität."[166]

Die veränderte Situation mit dem „Einbrechen der Armen" lädt nun dazu ein, von der altbekannten und heimischen Welt Abschied zu nehmen. Häufig führt sie auch dazu, die eigene spirituelle Tradition in einem neuen Licht zu sehen. Insbesondere kommt es darauf an, sich sowohl die Welt der Armen, einschließlich ihres Verhältnisses zu Gott, als auch die historische Praxis Jesu zu eigen zu machen.

Der Glaube an den Gott des Lebens und die Hoffnung auf ihn, die sich beide inzwischen in einer Situation des Todes und des Kampfes um das Leben bei den lateinamerikanischen Armen und Unterdrückten eingenistet haben, das sind die Brunnen, an denen wir trinken müssen, wenn wir Jesus treu bleiben wollen. Von diesem Wasser trank auch Erzbischof Oscar Romero, der von sich sagte, das Volk habe ihn zu Christus bekehrt. Seit dem Augenblick war seine Jesusnachfolge aufs engste verbunden mit dem Leben (und dem Tod) des Volkes von El Salvador, dessen Leiden und Hoffnungen wir alle im Herzen tragen. Fortan hörte seine Spiritualität auf, etwas bloß Persönliches zu sein, sondern

---

[165] Ebd., 37.
[166] Ebd., 38.

speiste sich vom Erleben eines ganzen Volkes. So konnte Oscar Romero zwei Wochen vor seiner Ermordung sagen: „Man hat mir vielfach mit dem Tod gedroht. Als Christ muss ich Ihnen sagen, dass ich an einen Tod ohne Auferstehung nicht glaube. Wenn man mich tötet, werde ich im Volk von El Salvador wieder auferstehen. Das sage ich ohne die geringste Wichtigtuerei, sondern mit der größten Demut."[167] Alle sind wir dazu aufgerufen, in Sachen Spiritualität mit dem Volk wieder aufzuerstehen.

---

[167] Feststellungen gegenüber José Calderón Salazar, Korrespondent der Tageszeitung Excelsior, Mexiko. In: Orientación, San Salvador, 13.4.1980.

4 Theologie der Evangelisierung

Wir gehen von der Überzeugung aus, dass die theologische Arbeit eine Berufung ist, die sich aus der Mitte der kirchlichen Gemeinschaft erhebt und in ihr auszuüben ist. In der Tat kann der Ausgangspunkt der Theologie nur das Geschenk des Glaubens sein, in dem wir die Wahrheit des Wortes Gottes empfangen haben. Gutiérrez betont, dass alle Beiträge der Theologie sich in den Dienst an der Verkündigung und Bezeugung des Evangeliums stellen müssen.

Das vorliegende Kapitel möchte die grundlegenden Begriffe der Theologie der Evangelisierung und einer "Rede von Gott" aus der Perspektive von Gutiérrez darstellen. Ebenso soll es die verschiedenen Begriffe, die in den vorangehenden Kapiteln dargelegt wurden, verknüpfen, um sie zu vertiefen und zu verbinden: die Theologie der Evangelisierung integriert die komplexe Welt des Armen und eine befreiende Spiritualität.

4.1 Theologie und die Verkündigung des Evangeliums

Die Verankerung der Theologie in Sein und Sendung der Kirche gibt der Theologie ihre Daseinsberechtigung, ihre Fragehorizonte und bringt sie in Kontakt mit den Quellen, aus denen sie die Offenbarung entgegennimmt: die Heilige Schrift und die Tradition. Zur Theologie gehört auch, dass sie sich vom kirchlichen Lehramt anregen lässt, dessen spezifische Aufgabe bei der Vermittlung der Offenbarung sie anerkennt. Diese Ortsbestimmung der Theologie bringt sie auch in einen lebendigen Kontakt mit anderen Funktionen der Kirche (Liturgie, Diakonie, usw.).

Was ist nun näherhin der Auftrag der Theologie, der ihr aufgrund ihres wesentlichen Zusammenhangs mit der Kirche obliegt und in dem sie ihre konkrete Verantwortung für die Evangelisation wahrnimmt? „Die Theologie" – so sagt es das Dokument über die kirchliche Berufung des Theologen – „leistet ihren Beitrag dazu, dass der Glaube mitteilbar wird".[168] In diesem Dynamismus einer „Wahrheit, die sich ihrer Natur gemäß mitteilen will"[169], zeichnet sich auch die besondere Aufgabenstellung der Theologie ab. Die Theologie ist eine Sendung, die zu ihrem Ziel kommt in der Kirche. Gerade aus „dem Inneren der Kirche"[170] heraus verkündet sie die Wahrheit, die freimacht (vgl. Joh 8,32). Es

---

[168] Kongregation für die Glaubenslehre: Instruktion über die kirchliche Berufung des Theologen. In: Sekretariat der Deutschen Bischofskonferenz (Hrsg.): Verlautbarungen des Apostolischen Stuhls 98. Bonn, 24. Mai 1990, 7.
[169] Ebd., 7.
[170] Papst Johannes Paul II.: Eröffnungsansprache in IV. Generalversammlung des Lateinamerikanischen Episkopates in Santo Domingo. 12.10.1992. In: Sekretariat der Deutschen Bischofskonferenz (Hrsg.), Stimmen der Weltkirche 34. Bonn, 1992, 7.

ist das Heil des Menschen in Jesus Christus, das die theologische Reflexion ihrem Höhepunkt entgegenführt.

Das Schlussdokument von Santo Domingo nennt dies „den prophetischen Dienst der Kirche"[171], zu dem der Dienst der Theologen untrennbar dazugehört. Sein Inhalt ist die Proklamation der Gottesherrschaft in Christus und die integrale, d.h. alle Dimensionen menschlicher Existenz einbeziehende Befreiung. Eine solche Verkündigung muss ebenso die Treue zur Botschaft wahren, wie sie auf die Sprache unserer Zeitgenossen einzugehen hat. Hiermit haben wir den entscheidenden Beitrag der Theologie herausgestellt, weshalb sie in einen Dialog eintreten muss mit der Mentalität, den Verstehensbedingungen und der Kultur der Hörer des Wortes.

Auf der anderen Seite ist zu berücksichtigen, dass die Rede von Gott in einer ständig sich wandelnden historischen Situation geschehen muss. Von dieser Gegebenheit her entstehen unaufhörlich neue Herausforderungen an den Glaubensdiskurs. Sie soll immer vorbereitet sein auf neue und unerwartete Perspektiven, eine Präzisierung ihrer Begriffe und eine Verbesserung ihrer Formulierungen. In diesem Sinn müssen die unterschiedlichen Theologien als eine wertvolle Bereicherung des kirchlichen Lebens und als Hilfen bei der Ausübung ihres Auftrags angesehen werden, unter der Bedingung, dass sie sich nicht verabsolutieren oder voneinander isolieren. Das Wichtigste für einen Glaubensdiskurs ist nicht, auf eine Dauer ausgerichtet zu sein und noch weniger zu überdauern, sondern sein Wasser zu breiteren und wasserreicheren Flüssen zu tragen, zum Leben der Gesamtheit der Kirche.[172]

Aus allen diesen Gründen müssen uns die Leiden und Ängste, Freuden und Hoffnungen der Menschen von heute wie auch die derzeitige Situation des Auftrags der Kirche, zu evangelisieren, mehr als die Gegenwart und die Zukunft einer Theologie interessieren.[173]

Es ist bedeutsam, diesen Beitrag von Gutiérrez hervorzuheben: die Theologie bietet einen Beitrag, damit der Glaube kommunizierbar wird, das heißt, die theologische Reflexion findet ihren Sinn dann, wenn sie im Dienst des christlichen Lebens und der evangelisierenden Mission der kirchlichen Gemeinschaft steht.

---

[171] Neue Evangelisierung. Förderung des Menschen, christliche Kultur. Jesus Christus gestern, heute und in Ewigkeit. Schlussdokument der IV. Generalversammlung des Lateinamerikanischen Episkopates in Santo Domingo. Dominikanische Republik, 12.-28. Oktober 1992. In: Sekretariat der Deutschen Bischofskonferenz (Hrsg.): Stimmen der Weltkirche 34. Bonn, 1992, 33.
[172] Gutiérrez, G.: Wo werden die Armen schlafen?, a.a.O., 115.
[173] Ebd., 115.

4.2 Verkündigung des „Gottes des Lebens"

Die Armut, auf die wir uns schon bezogen haben, bedeutet in letzter Konsequenz den Tod, den physischen Tod vieler Menschen und den kulturellen Tod durch das Übergehen so vieler anderer Menschen. Die Wahrnehmung dieser Situation führte dazu, dass vor ein paar Jahrzehnten das Thema des Lebens auf dem lateinamerikanischen Subkontinent kraftvoll auftauchte, das Thema des Lebens als Gabe des Gottes unseres Glaubens. Die bald einsetzende Ermordung von Christen aufgrund ihres Zeugnisses machte die Theologie der Befreiung noch dringlicher.[174] Eine Reflexion über die Erfahrung von Verfolgung und Martyrium hat einer Theologie des Lebens Kraft und Bedeutung verliehen, was verständlich macht, dass die Option für die Ärmsten gerade eine Option für das Leben ist. Es geht in letzter Konsequenz um eine Entscheidung für den Gott des Lebens, für den „Freund des Lebens", wie es im Buch der Weisheit (11,25) heißt. In diesen Aussagen finden wir eine Weise, den Glauben und die Hoffnung auszusagen, die den christlichen Einsatz befruchtet. Die nahe Erfahrung von Gewalt und ungerechtem Tod verträgt sich nicht mit Ausflüchten oder abstrakten Betrachtungen über die Auferstehung Jesu, ohne die unser Glaube laut Paulus vergeblich wäre. Sie sensibilisiert uns ebenfalls für die Gabe des Lebens, die wir von Gott empfangen, ein Leben, das sowohl die geistlichen und religiösen Aspekte als auch jene umfasst, die wir gewöhnlich materiell und körperlich nennen.[175]

Der sich offenbarende Gott ist ein Gott des Lebens. Der Wille Gottes ist, dass die Armen Leben haben. Angesichts des ständig von einem „Tod vor der Zeit" bedrohten Lebens der Mehrheit der Menschen in Lateinamerika gewinnt der Glaube an den Gott des Lebens eine sehr konkrete und praktische Relevanz. *Gloria Dei pauper vivens* - so hat Erzbischof Oscar Romero kreativ das bekannte Wort *Gloria Dei homo vivens* von Irenaeus von Lyon neu formuliert. Deshalb stellt sich für die christliche Spiritualität eine grundlegende Alternative: ob sie sich dafür entscheidet, im Geist Gottes für das Leben der Armen zu wirken, oder ob sie den Tod der Armen in Kauf nimmt. Die Spannung, in der die Verkündigung der Frohen Botschaft und die Spiritualität der Befreiung stehen, ist also

---

[174] Die Beobachtung von Johannes Paul II. „am Ende des zweiten Jahrtausends ist die Kirche erneut zur Märtyrerkirche geworden", ist in Lateinamerika und in der Karibik heute leicht zu verstehen. Besonders wenn er hinzufügt: „In unserem Jahrhundert sind die Märtyrer zurückgekehrt, häufig unbekannt". Vgl. Johannes Paul II.: Tertio millennio adveniente. In: Sekretariat der Deutschen Bischofskonferenz (Hrsg.): Verlautbarungen des Apostolischen Stuhls 37. Bonn, 1982 . Aber es handelt sich dabei ohne Zweifel um eine Aussage, die auch für andere Regionen der Welt gilt.
[175] Gutiérrez, Gustavo: Wo werden die Armen schlafen?, a.a.O., 158-159.

nicht die Spannung zwischen Materie und Geist oder zwischen Körper und Seele, sondern zwischen Leben und Tod.[176]

Die Theologie und die Verkündigung des Evangeliums haben eine wichtige Aufgabe vor sich, um den Glauben zu vertiefen an einen Gott nicht der Furcht, sondern an einen Gott, der, wie A. Camus sagt, „mit dem Menschen bei den herzhaften Spielen des Meers und der Sonne lacht".[177] An einen Gott des Lebens und der Freude.

4.3 Theologie der Evangelisierung betreiben

Der Christ ist Zeuge dafür, dass Christus auferstanden ist. Als Kirche sind wir ununterbrochen zu diesem Zeugnis verpflichtet, weil dies ja das Kernstück des kirchlichen Auftrags ist. Zu wissen, dass das Leben und nicht der Tod das letzte Wort in der Geschichte hat, macht den Grund aus, weshalb sich der Christ freuen kann. So erfährt er die unverdiente Liebe Gottes. Die Weitergabe dieser Freude heißt Evangelisierung, das soll im Zentrum einer Theologie der Verkündigung stehen. Gemeinschaftlich wie auch persönlich haben wir die Frohe Botschaft von der Liebe Gottes, die unser Leben verändert hat, weiterzugeben.[178]

Gutiérrez ist überzeugt davon, dass die Theologie im Dienst an der Verkündigung des Reiches der Liebe und der Gerechtigkeit stehen muss. Keine Dimension des Menschseins wird nicht vom Reich Gottes erfasst. Überall in der Geschichte ist es wirksam, verändert diese und führt sie über sich hinaus. Hier hat die Theologie der Evangelisierung Gutiérrez' ihren Ausgangspunkt, denn diese Theologie will zeigen, was die Verkündigung des Evangeliums im geschichtlichen Auf und Ab Lateinamerikas bedeutet. Hierauf legt sie größten Wert. Ihr ganzes Augenmerk gilt der Frage, wie man dem lateinamerikanischen Volk das Evangelium vermitteln kann. Aus dieser Sorge wurde sie geboren, und dies ist der ständige Impulsgeber für ihr Bemühen. Die größte Leistung der lateinamerikanischen Kirche in den letzten fünfunddreißig Jahren besteht ohne Zweifel darin, sich mit nie gekannter Energie wieder ihrem Evangelisierungs- und infolgedessen Befreiungsauftrag zugewandt zu haben. In diesem Zusammenhang wird verständlich, was die vorzugsweise Option für die Armen, wie auch all die Experimente, Erfahrungen und Reflexionen, die sich daraus ergeben haben, bedeuten. So konnte die Kirche überall, sowohl in Lateinamerika – einschließlich bestimmter Kreise, die bisher kaum etwas mit ihr zu tun haben

---

[176] Meier, Martín: Spiritualität und Theologie im Werk von Gustavo Gutiérrez. In: Delgado, M.; Noti, O.; Venetz, H. (Hrsg): Blutende Hoffnung, a.a.O., 56-57. Hervorhebungen im Original.
[177] Zitiert nach: Gutiérrez, G.: Wo werden die Armen schlafen?, a.a.O., 161.
[178] Gutiérrez, Gustavo: In die Zukunft blicken. Einleitung zur Neuauflage. In: Ders.: Theologie der Befreiung, a.a.O., 45.

wollten – als auch in internationalem Maßstab präsent werden, was ihr bis dahin so noch nie gelungen war.[179]

Widerstand, ja bissige Feindschaft konnte nicht ausbleiben. Dessen ungeachtet wird niemand bestreiten können, dass das Engagement einer Kirche, die sich der Notwendigkeit bewusst ist, Frieden auf der Grundlage von Gerechtigkeit für alle, insbesondere aber für die Opfer von Raub und Misshandlungen zu verkünden und zu erwirken, die Geschichte Lateinamerikas in diesen Jahren geprägt hat. Inzwischen ist ihre Stimme auch schon über den lateinamerikanischen Kontinent hinaus zu hören.

Die Faktoren, die zu diesem Ergebnis beigetragen haben, sind verschiedene. Ein fundamentaler davon ist die Theologie der Befreiung Gutiérrez bzw. seine Theologie der Verkündigung der Frohen Botschaft; sie artikuliert zu einem guten Teil die Sprache, in der die lateinamerikanische Christengemeinde ihre Botschaft vorträgt.

4.3.1 Mystische und prophetische Sprache

In diesem Zusammenhang ist in der Theologie Gutiérrez', besonders in seiner Theologie der Evangelisierung, ein wichtiges Merkmal das Wachhalten einer prophetisch-mystischen Gottes-Rede, die sich inmitten von Unrecht, Leid und Elend den Hunger und den Durst nach Gerechtigkeit nicht ausreden lässt.

Von Gott zu reden ist für Gutiérrez nur vom Boden der Mystik und der Praxis aus möglich: „In einem ersten Schritt geht es darum, sich auf Mystik und Praxis einzulassen; erst danach lässt sich ein authentischer und ehrfurchtsvoller Diskurs über Gott entwickeln."[180] Daraus ergibt sich: „Der Weg, den man gehen muss, um Christ zu sein, ist die Grundlage für den Weg, den es zu beschreiten gilt, um Theologie zu treiben. Unsere Methodologie ist unsere Spiritualität (das heißt eine Art und Weise, Christ zu sein). Das Nachdenken über das Geheimnis Gottes kann nur von der Nachfolge Jesu her geschehen. Allein aufgrund eines Lebens nach dem Geist ist es möglich, das Geschenk der Liebe des Vaters an jeden Menschen zu denken und zu verkündigen."[181]

In seinem Buch „Von Gott sprechen in Unrecht und Leid – Ijob" betont Gutiérrez den Primat der Mystik und der Praxis gegenüber des „Redens von Gott". Das Ijob-Buch bringt eine Vertiefung in dem Sinn, dass der peruanische Theologe der Frage nachgeht, wie es angesichts des Leidens der Unschuldigen möglich ist, von der Güte Gottes zu reden. So lauten die Grundfragen einer Theologie der Evangelisierung: Wie soll man von einem Gott, der sich als Liebe offenbart, in einer Wirklichkeit sprechen, die von Armut und Unterdrückung

---
[179] Ebd.
[180] Gutiérrez, G.: Von Gott sprechen in Unrecht und Leid – Ijob. Mainz: Matthias-Grünewald, 1988, 10.
[181] Gutiérrez, G.: Die historische Macht der Armen, a.a.O., 10.

gekennzeichnet ist? Wie soll man Menschen, die einen vorzeitigen und ungerechten Tod erleiden, einen Gott des Lebens verkünden? Wie soll man das ungeschuldete Geschenk seiner Liebe und Gerechtigkeit verstehen, wenn man nur Unrecht zu erleiden hat? In welcher Sprache soll man denen, die nicht einmal als Menschen gelten, sagen, sie seien Söhne und Töchter Gottes?[182]

Die mystische Sprache erkennt an, dass alles von der verdankten Liebe des Vaters kommt, die „der Hoffnung neue Horizonte" eröffnet (Puebla 1165). Die prophetische Sprache prangert die Situation von Ungerechtigkeit und Ausbeutung – einschließlich der strukturellen Ursachen – an, in der die Armen zu leben haben; denn ihr geht es darum, „die leidenden Antlitze Christi, des Herrn", in den vom Schmerzen gekennzeichneten Gesichtern eines unterdrückten Volkes zu erkennen (Puebla 31-39). Beide Sprachmodelle entspringen im armen Volk Lateinamerikas dem Leiden und der Hoffnung des Unschuldigen. Aus diesem Grund geht unsere Verkündigung vom Erleben von Kreuz und Tod aus, aber ebenso auch von der Erfahrung der Freude über Auferstehung und Leben.[183]

Die mystische Sprache ist Ausdruck der Verdanktheit, die prophetische der Verpflichtung.[184] Ohne Prophetie läuft die Sprache der Mystik Gefahr, in der Geschichte, in der Gott am Werk ist und in der wir ihm begegnen, den Biss zu verlieren. Und ohne mystische Dimension erfährt die prophetische Sprache womöglich eine Blickverengung und nimmt den nicht mehr recht wahr, der alle Sachen neu macht.[185] So sind beide Sprachen notwendig und können mithin nicht voneinander getrennt werden; mehr noch: sie befruchten und korrigieren sich gegenseitig.[186] Gutiérrez geht es in seiner Theologie der Evangelisierung insgesamt um die Vermeidung von Reduktionismen in zweierlei Hinsicht: Vermieden werden soll sowohl eine von der Wirklichkeit abgehobene Spiritualität als auch ein Christsein, das sich nur auf das politische Engagement beschränkt.[187]

Gutiérrez behauptet, dass „der Sohn Gottes uns lehrte, dass die Rede von Gott durch die Erfahrung des Kreuzes gehen muss."[188] Im Weiteren bezieht er sich darauf, dass Jesus am Kreuz sein Vertrauen auf Gott ausdrückt, der mit Vorliebe den Armen beschützt. Aus dieser Erfahrung der Kommunion im Leiden und in der Hoffnung entspringt die Vorstellung vom Kreuz als „Kraft Gottes" (1Kor 1,18): „Die Kraft Gottes ist zugleich paradoxerweise das „Schwache an Gott" (1Kor 1,25). Dies inspiriert die Sprache des Kreuzes, welche eine Syn-

---

[182] Gutiérrez, G.: Von Gott sprechen in Unrecht und Leid – Ijob, a.a.O., 14.
[183] Ebd., 143-144.
[184] Ebd., 140.
[185] Ebd., 143.
[186] Ebd., 1988, 140-141.
[187] Gutiérrez, Gustavo: La verdad los hará libres. Lima: IBC-CEP, 1986, 16.
[188] Gutiérrez, Gustavo: Hablar de Dios desde el sufrimiento del inocente: Una reflexión sobre el libro de Job. Lima: IBC-CEP, 1986, 12.

these der prophetischen und der mystischen Rede ist und die einzig angemessene Form darstellt, in der man vom Gott Jesu Christi sprechen kann."[189]

In diesem Teil betrachten wir den großen Beitrag Gutiérrez' zur Theologie der Evangelisierung und eines der grundlegenden Anliegen seiner Reflexion. Gutiérrez ist daran interessiert, einen angemessenen Weg zu finden, von Gott aus dem Schmerz des Unschuldigen heraus zu sprechen, ohne der Resignation oder der Verzweiflung zu verfallen, ohne das Leiden der Anderen zu vergessen. So bilden die mystische Sprache und die prophetische Sprache die Grundlinie seiner Gottes-Rede.

4.3.2 Von Gott reden

Der geschichtliche Prozess in Lateinamerika und die Erfahrungen, die viele Christen damit verbinden, führten zu der theologischen Überlegung, von Erlösung in Christus in der Begrifflichkeit von Befreiung zu sprechen. Johannes Paul II. zieht die Linie von Medellin und Puebla weiter aus, wenn er nachdrücklich und einfühlsam den brasilianischen Bischöfen sagt: „Die Armen in diesem Land, deren Hirten ihr seid, die Armen dieses Erdteils sind die ersten, die die dringende Notwendigkeit *dieses Evangeliums* der radikalen und integralen *Befreiung* spüren. Das zu leugnen wäre gleichbedeutend damit, sie zu berauben und zu enttäuschen."[190] Die Verbindung dieser beiden Faktoren – der Substanz der biblischen Offenbarung und des tiefen Verlangens des lateinamerikanischen Volkes – führte zu der Rede von der Befreiung in Christus und war von Anfang an Kernstück der Theologie der Evangelisierung Gutiérrez'. Immer geht es dabei um das Streben, das die Armen und Unterdrückten dieser Welt nach Befreiung haben und das sie für Gottes erlösende Liebe öffnet.[191]

Treffend stellte Paul VI. fest: „Von der Befreiung, die die Evangelisierung verkündet und zu verwirklichen sucht, muss vielmehr folgendes gesagt werden: Sie kann sich nicht einfach auf die begrenzte wirtschaftliche, politische, soziale oder kulturelle Dimension beschränken, sondern muss den ganzen Menschen in allen seinen Dimensionen sehen, einschließlich seiner Öffnung auf das Absolute, das Gott ist. Sie ist deshalb an *ein bestimmtes Menschenbild* gebunden, an eine Lehre vom Menschen, die sie niemals den Erfordernissen irgendeiner Strategie, einer Praxis oder eines kurzfristigen Erfolges wegen opfern kann."[192]. Dabei handelt es sich natürlich um das volle Verständnis des Menschen, das den ungeschuldeten Charakter von Glauben und Liebe miteinschließt.

---

[189] Gutiérrez, G.: Von Gott sprechen in Unrecht und Leid – Ijob, a.a.O., 149.
[190] Johannes Paul II.: Brief an die brasilianische Bischöfe vom 9. April 1986. In: Sekretariat der Bischofskonferenz (Hrsg.): Stimmen der Weltkirche 24. Bonn, 1986, 161. Hervorhebung vom Verfasser.
[191] Gutiérrez, G.: In die Zukunft blicken, a.a.O., 46-47.
[192] Paul VI: Evangelii nuntiandi. In: Sekretariat der Deutschen Bischofskonferenz (Hrsg.): Verlautbarungen des Apostolischen Stuhls 2. Bonn, 1975, 25. Hervorhebung vom Verfasser.

So wird die Theologie der Evangelisierung Gutiérrez' zu einer Theologie der Erlösung. Erlösung ist dabei das unableitbare, ungeschuldete Wirken Gottes in der Geschichte – einer Geschichte, die freilich über sich hinausführt; Erlösung ist das Geschenk endgültigen Lebens und ungeschuldeter Kindschaft, das wir aus freier Entscheidung in der Geschichte annehmen und kraft dessen wir diese zu einem Raum der Geschwisterlichkeit zu machen haben. Kindschaft und Geschwisterlichkeit, Gnade und Auftrag müssen zwar säuberlich auseinandergehalten, dürfen aber nie auseinandergerissen werden. So sind wir heute imstande, zu begreifen, was Einheit und was Dualität im Prozess der Befreiung ist, das heißt: im Heilswerk Gottes, zu dem uns der Vater einlädt, mitzumachen.[193] Aufgrund all dessen, was bisher gesagt worden ist, stellt die Verkündigung des Heilswerkes des Herrn, des Reiches des Lebens und des Gottes des Reiches das zentrale Thema der Theologie der Evangelisierung Gutiérrez'.

Das Leben der Kirche und ihre evangelisierende Aufgabe definieren sich neu von den Armen her und für sie, die sie sich mit ihrer ganzen Last an Not und Ausgebeutet-Sein, aber auch an Kampfesgeist und Glaube präsentieren. Diese evangelisierende Handlungsweise schafft die notwendigen Bedingungen, damit das Volk den Weg des Kampfes für seine Rechte, Personen zu sein, antreten kann und damit es beginnen kann, über den im Kampf gelebten Glauben als Voraussetzung für die Verkündigung des Gottes des Lebens aus seiner Situation der Armut heraus nachzudenken.

Die Armen, die Klassen des ausgebeuteten Volkes, sind die Kraft, die die Geschichte verändert, und das Subjekt der Befreiungspraxis. Die Evangelisierung, die Ansage der Guten Nachricht, dass der Vater uns liebt, geschieht im Prozess der Befreiung, der seinerseits Ausdruck der Liebe zum Bruder ist. So hat uns die Praxis einen Schritt weitergebracht, und wir können jetzt behaupten, die Armen evangelisieren, indem sie sich befreien. Die Evangelisierung wirkt erst dann wirklich befreiend, wenn sie in den Händen der Armen liegt, wenn sie die Armen zu ihren Trägern macht. Dann wird die Evangelisierung ein Stein des Anstoßes sein.

Nach der Theologie der Evangelisierung Gutiérrez' ermöglicht uns die Verkündigung der Frohen Botschaft die Begegnung mit einem Gott, der im Leben und Sterben, in den Kämpfen und Hoffnungen des Volkes lebendig ist. Diese Begegnung kommt auch noch in einem der reichsten und tiefsten Merkmale der im Befreiungskampf engagierten Christen zum Ausdruck: in einer neuen, befreienden Spiritualität. Vielleicht gibt es heute in Lateinamerika nichts Beeindruckenderes und Schöpferischeres als die betende Praxis jener Christen, die dem armen und unterdrückten Volk entstammen. Entscheidend dabei ist, dass ihre Spiritualität nicht losgelöst von ihrer Befreiungspraxis existiert, sondern sich im Gegenteil von dorther nährt. In diesem Zusammenhang gewinnt die

---

[193] Gutiérrez, Gustavo: In die Zukunft blicken, a.a.O., 49.

Eucharistiefeier ihren vollen Sinn als Teilhabe an Tod und Auferstehung Christi. Im Brechen des Brotes, an dem es den Besitzlosen auf dieser Erde fehlt, wird das Leben des Auferstandenen präsent und sichtbar. Dieses Leben gibt uns die Gewissheit, dass der Tod nicht den Sieg davonträgt und dass Sünde und Ungerechtigkeit überwunden werden. In der Fülle des Lebens, die uns die Befreiungstat Jesu Christi bringt, und in der geschichtlichen Kraft der Armen besteht die Quelle der Freude, die das Volk in seinem Kampf und in seiner Gebetspraxis bekundet. Es handelt sich um eine österliche Freude, die durch Schmerz und Tod gegangen ist und eine große Hoffnung zum Ausdruck bringt.[194]

An diesem Punkt konnten wir den grundlegenden Beitrag unseres peruanischen Theologen sehen: die Wurzeln erspürt zu haben für eine „Rede von Gott" und für eine Theologie der Evangelisierung, die den Armen zum Träger macht und die Spiritualität in eine befreiende Wirklichkeit verwandelt.

4.4 Umkehr als Forderung der Evangelisierung

Wer das Reich Gottes will, kommt nicht an dem vorbei, was das Evangelium Umkehr nennt. Diese aber ist gleichfalls eine Voraussetzung, wenn man die Gute Nachricht mit Wahrhaftigkeit verkünden will. Puebla ist dieser Aspekt wichtig. Deshalb spricht es an verschiedenen Stellen von einer solchen Forderung an die Kirche selbst. Angefangen mit der einleitenden „Botschaft an die Völker Lateinamerikas" fragen sich die Bischöfe: „Leben wir wirklich das Evangelium Jesu Christi auf diesem Kontinent?" Sie gestehen ein: „Wir sind noch weit davon entfernt, alles auch zu leben, was wir predigen", und gehen gar so weit, deshalb um Verzeihung zu bitten: „Für alle unsere Fehler und Unzulänglichkeiten bitten auch wir Bischöfe Gott sowie unsere Brüder und Schwestern im Glauben und im Menschsein um Vergebung." Das Eingeständnis der eigenen Fehler und die Reue über sie sind wichtige Elemente für die Umkehr, die darüber hinaus den Wunsch nach einem Neubeginn einschließt. Diese Eröffnung bietet die Basis für ein Thema, das in den Puebla-Texten immer wieder anklingt: die Umkehr der Kirche und die Überprüfung ihrer Strukturen.[195]

In der Solidarität mit den Armen und Unterdrückten geht es für Christen um sehr ernste Forderungen. Sie sollen die ganze Kirche zu einer radikalen Veränderung ihres Lebens, zur Umkehr bewegen: Wenn sich die Kirche durch ihren spezifischen Auftrag, das heißt durch die Evangelisierung definiert (Puebla 4), dann darf sie nicht davor zurückschrecken, ihre Strukturen einer Revision zu unterziehen, um sie um so besser in den Dienst der Verkündigung der Botschaft stellen zu können. So wird die Überprüfung der Strukturen zu einer Seite der Buße, die die Kirche zu tun hat. „Umkehr beinhaltet die Forderung nach einem einfachen Lebensstil und einem bedingungslosen Vertrauen auf den Herrn; denn

---
[194] Gutiérrez, G.: Die historische Macht der Armen, a.a.O., 78-79.
[195] Zitiert nach: Gutiérrez, G.: Die historische Macht der Armen, a.a.O., 115.

bei ihrer Evangelisierungsarbeit setzt die Kirche mehr auf das Sein und auf die Macht Gottes und seiner Gnade als auf das ‚Mehr-Haben' und die ‚Macht der Welt' (Puebla 1158). Die Kirche soll bei der Erfüllung ihres Auftrags auf die Macht des Evangeliums und nicht auf die Mächte dieser Welt setzen. Das ist eine Bedingung dafür, dass die Verkündigung des Evangeliums glaubwürdig ist.

Um sich für diese Armen zu öffnen, braucht die Kirche nur zu sagen, dass sie einen Platz für sie hat, und zwar mit „ihrer Armut auf dem Buckel", wie Bartolomé de las Casas sich ausdrückt. Arm werden bedeutet für die Kirche in Lateinamerika, sich das Leben, die Kämpfe, die Leiden und die Sehnsüchte der Mehrzahl ihrer Mitglieder zu eigen zu machen, – der Armen, die ohnehin schon zu ihr gehören, deren Stimme jedoch, vor allem wenn sie ihre Rechte fordern, vielen in der Kirche fremd in den Ohren klingt.

Am Ende dieses Kapitels muss betont werden, dass die ekklesiologische Analyse von Gustavo Gutiérrez dazu dient, dass die Kirche selbstkritisch über die evangelisatorische Qualität ihrer Sache reflektiert, der Sache, in deren Dienst sie ihre Tradition und ihren unbezweifelbaren sozialen Ruf durch die Jahrhunderte und Jahrtausende gestellt hat. Diese Analyse hat eine Aufwertung und in gewissem Sinne auch eine Revision der evangelisatorischen Qualität ihrer Strukturen begünstigt, mit denen die Kirche ausgestattet ist. Hier liegt der wesentliche Beitrag Gutiérrez' zur Theologie der Evangelisierung.

4.5 Zeitgenössische Herausforderungen

Die Theologie der Evangelisierung hat die Notwendigkeit erkannt, zwischen den Zeichen der Zeit zu unterscheiden, das heißt gegenüber dem Werden der Geschichte und umfassender noch der Welt, in der wir unseren Glauben leben, aufmerksam zu sein. In dieser Argumentationslinie könnten wir sagen, dass die Verkündigung des Evangeliums heute folgenden Herausforderungen gegenübersteht, die Anforderungen von großer Tragweite an das christliche Leben und an die Aufgabe der Kirche darstellen.

4.5.1 Von den Letzten ausgehen

Die eingangs wahrgenommene Komplexität der Welt des Armen wird heute besser dargestellt: mit allen ihren Schwierigkeiten und ihrem Konfliktstoff, aber auch mit allen ihren Verheißungen[196]. So sollten wir uns im Sinne unseres Themas fragen, auf welche Weise sich in dieser Zeit der Anruf der Armut an das christliche Gewissen zeigt.

Die erste Feststellung ist, dass sich die Lage verschlechtert hat. Der Bericht des PNUD (UN-Entwicklungsprogramm; engl. UNDP) von 1996 hält be-

---

[196] Gutiérrez, Gustavo: Die Lage und die Aufgaben der Theologie der Befreiung. In: Ders.; Müller, Gerhard Ludwig: An der Seite der Armen, a.a.O., 70.

sorgniserregende Zahlen bereit. Die Schlussfolgerung lautet, dass „sich die Welt immer weiter polarisiert und der Abstand, der die Armen von den Reichen trennt, immer größer wird".[197] Etwas Ähnliches vollzieht sich innerhalb eines jeden Landes, auch in den reichen Nationen. Diese und weitere Angaben zeigen, dass in relativen und absoluten Zahlen die Bevölkerung in Armut und extremer Armut angewachsen ist. Das Ergebnis schmerzt: Die Armut bleibt erhalten, ja sie vertieft sich sogar. In der Folge behalten ihre Herausforderungen an unsere Solidarität und an eine, wie die hier dargestellte, Reflexion Gutiérrez' auch heute ihre Gültigkeit, nachdrücklicher und gewichtiger denn je. Ein Ausdruck der erwähnten Verschlechterung ist der sogenannte Ausschluss von Wirtschaft, Gesellschaft, Politik und sogar Kultur. „Deshalb sprechen wir von den Armen als den ‚Bedeutungslosen', in dem Maß, in dem die zeitgenössische Gesellschaft ihre menschliche Würde und ihre Eigenschaft als Söhne und Töchter Gottes nicht anerkennt"[198]. Diese Gegebenheiten führen dazu, dass sich zwei Sektoren bilden, aus denen die Menschheit besteht. Einer davon, der der Ausgegrenzten, ist immer weniger bedeutsam für das Funktionieren der Weltwirtschaft und der Gesellschaft, die sich zunehmend behauptet.

Es ist notwendig, die menschlichen Möglichkeiten und Schätze, die in den Armen leben, zu unterstützen. Der Arme und an den Rand Gedrängte aus Lateinamerika ist oftmals im Besitz einer Kultur mit eigenen und beredten Werten, die aus seiner Rasse, seiner Geschichte, seiner Sprache kommen. Es geht um geöffnete, unerschöpfliche Quellen. Wie die von den Frauenorganisationen auf dem ganzen Kontinent im Kampf für das Leben ihrer Familien und des armen Volkes gezeigten Energien beweisen, hat er die eindrucksvolle Erfindungsgabe und schöpferische Kraft, um der Krise die Stirn zu bieten.

Für einen großen Teil der Armen Lateinamerikas hat der christliche Glaube die Hauptrolle in dieser Haltung gespielt. Er ist eine Quelle der Inspiration und ein mächtiger Grund gewesen sich zu weigern, die Hoffnung auf die Zukunft zu verlieren.

4.5.2 Globalisierung und Armut

Ein häufiges Thema dieser Zeit ist die sogenannte „Globalisierung" der Wirtschaft. Kürzlich sagte Enrique Iglesias, Präsident der „Interamerikanischen

---

[197] Seit sechs Jahren veröffentlicht eine Abteilung der Vereinten Nationen (Entwicklungsprogramm der Vereinten Nationen, PNUD) jährlich einen Bericht (Bericht über die menschliche Entwicklung), der den Menschen ins Zentrum der Entwicklung zu stellen versucht. Bericht 1996,2: In den vergangenen 30 Jahren fiel der Anteil am Einkommen der Ärmsten der Weltbevölkerung (20 Prozent) von 2,3 Prozent (ohnehin sehr niedrig) auf 1,4 Prozent. Im Gegensatz dazu wuchs der Anteil der Reicheren (20 Prozent) von 70 auf 85 Prozent, „so verdoppelte sich das Verhältnis zwischen der den Reichsten und den Ärmsten entsprechenden Proportion von früher 30 zu 1 zu 60 zu 1". Zitiert nach: Gutiérrez G.: Wo werden die Armen schlafen, a.a.O., 131.

[198] Gutiérrez, G.: Wo werden die Armen schlafen, a.a.O., 132.

Entwicklungsbank" (BID), dass unser Jahrhundert „ein faszinierendes und grausames Jahrhundert" sein werde. Mit anderen Worten: Die unmittelbare Zukunft wird wahrlich nicht für dieselben Personen faszinierend und grausam sein. Die Asymmetrie in der Gesellschaft tritt von Mal zu Mal deutlicher hervor. Millionen Menschen werden in nutzlose oder nach Gebrauch zu entsorgende Objekte verwandelt. Das macht die Herausforderung unserer Zeit dringlicher und den Anruf an den Glauben an den Gott Jesu Christi, der alle liebt und aufruft, die Kleinsten zu beschützen, größer.

Indem Johannes Paul II. zugleich überlieferte Elemente der kirchlichen Soziallehre aufnahm und zu den biblischen Wurzeln ging, setzte er mit Nachdruck den Eckstein einer christlichen Einstellung: den Vorrang des Menschen gegenüber den Dingen, woraus auch die Priorität der Arbeit im Verhältnis zum Kapital hervorging.[199]

Eine wichtige Aufgabe für die theologische Reflexion auf diesem Gebiete ist es zu zeigen, welche „Strukturen der Sünde"[200] es in der derzeitigen Wirtschaftsordnung gibt: Das heißt, welche Elemente eines Bruchs der Freundschaft mit Gott in den sozio-ökonomischen Strukturen gegenwärtig sind, die ungerechte Ungleichheiten zwischen den Menschen schaffen und aufrechterhalten. Die Sünde, durch eine einfache gesellschaftliche Analyse nicht zu erfassen, ist für eine christliche Reflexion tatsächlich die Wurzel aller gesellschaftlichen Ungerechtigkeit. Eine besondere Aufmerksamkeit verdienen die götzendienerischen Elemente des Primats des Gewinnes, die im Handeln und seinen Rechtfertigungen stecken, und der absolute Markt.[201]

Diesem Komplex von Globalisierung und Armut müssen wir die Perspektiven beistellen, die die ökologischen Organisationen angesichts der ebenfalls selbstmörderischen Zerstörung der Umwelt eröffnen. Sie haben uns für alle Dimensionen des Lebens sensibilisiert und uns geholfen, den Horizont der sozialen Solidarität zu erweitern, der eine respektvolle Beziehung zur Natur einschließen muss. Der Punkt betrifft nicht nur die entwickelten Länder, deren Industrien der natürlichen Umwelt der Menschheit so viel Schaden zufügen. Er berührt alle, auch die ärmsten Länder. Es ist heutzutage unmöglich, sich theologisch über die Armut Gedanken zu machen, ohne diese Wirklichkeiten zu berücksichtigen. Eine Theologie der Schöpfung und des Lebens kann die Theologie beleben, die ausgehend von der Sorge um die Gerechtigkeit betrieben wird. Folglich hilft sie uns, den Horizont zu erweitern. Hier gibt es eine Aufgabe, die für unsere theologische Reflexion mit Sicherheit fruchtbar ist. Diese Aufgabe wird uns sensibler machen für die ästhetischen Dimensionen des Vorgangs ei-

---

[199] Vgl. Johannes Paul II.: Redemptor hominis 16. In: Sekretariat der Bischofskonferenz (Hrsg.): Verlautbarungen des Apostolischen Stuhls 6. Bonn, 1979.
[200] Vgl. Johannes Paul II.: Sollicitudo rei socialis 36. In: Sekretariat der Bischofskonferenz (Hrsg.): Verlautbarungen des Apostolischen Stuhls 82. Bonn, 1988.
[201] Gutiérrez, Gustavo: Wo werden die Armen schlafen, a.a.O., 129.

ner befreienden Evangelisierung, und dafür, dass sie aus diesem Grund selbst alle Aspekte des Menschen in Betracht ziehen will. Das Recht auf die Schönheit ist ein Ausdruck – und in gewisser Weise ein dringlicher – des Rechts auf Leben.[202]

4.5.3 Die postmoderne Welt

Zu den wirtschaftlichen und politischen Aspekten gesellen sich weitere Aspekte kulturellen Zuschnitts, die ebenfalls die zeitgenössische Denkweise formen. Wir beziehen uns auf jene Aspekte, die einige Postmoderne oder postmodernes Denken nennen.[203]

Das postmoderne Wissen lehnt die großen Erzählungen ab und wertet die kleinen auf. Auf diese Weise hilft es uns, gegenüber der Vielfalt und der Alterität aufmerksamer und sensibler zu sein. Aber wir können nicht über die Tatsache hinwegsehen, dass diese Sensibilität mit einer Intensivierung des Individualismus verbunden ist, wie sie schon die Moderne mit sich bringt. Die Verneinung des Sinns der Geschichte steigert den Individualismus und verstärkt den Narzismus der gegenwärtigen Gesellschaft.[204]

Auf der anderen Seite hat sich die Religion, im Gegensatz zu dem, was in der Moderne gedacht wurde, weder erschöpft noch ins Private zurückgezogen. Vielmehr zeigt sie eine neue Lebendigkeit. Die postmoderne Denkart kann dazu beitragen, das Geheimnis zu respektieren und so einen Beitrag zu dem liefern, was einige als das Aufkommen einer neuen religiösen Epoche bezeichnen.[205] Die Beispiele dafür sind vielfältig in der Welt von heute. Dennoch müssen wir beobachten, dass es sich dabei oftmals um eine unscharfe und konfuse Religiosität handelt, die einen allgemeinen Glauben an Gott oder eine vage Gottheit mit sich bringt, die festen Überzeugungen misstrauisch und den Anforderungen an das Verhalten, die diese befördern, nur widerstrebend gegenübersteht. Aber das ist eine Tatsache in der Gegenwart, und es wird notwendig sein, sie weiterhin aus der Sicht des Glaubens zu betrachten.

Diese Punkte und sicherlich noch andere konvergieren in einer Haltung, die wenig Mut macht, Chancen wahrzunehmen, Situationen zu ändern, die im

---

[202] Über das Thema Theologie und Ökologie siehe die Werke von Moltmann, Jürgen: Zukunft der Schöpfung. München: Kaiser, 1977; Coste, René: Dieu et l'écologie. Paris: Atelier, 1994, und in lateinamerikanischer Perpektive Boff, Leonardo: Schrei der Erde, Schrei der Armen. Düsseldorf: Patmos, 2002.
[203] Gutiérrez, Gustavo: Wo werden die Armen schlafen, a.a.O., 135.
[204] Vgl. Jiménez, Alberto: A vueltas con la postmodernidad. In: Proyección. Nr. 155, o.O., Okt. 1989, 304.
[205] „Sowohl die Moderne mit ihren Werten und Gegenwerten als auch die Postmoderne als für die Transzendenz offener Raum stellen ernstzunehmende Herausforderung an die Evangelisierung der Kultur dar" (Santo Domingo 252). In: Sekretariat der Deutschen Bischofskonferenz (Hrsg.): Stimmen der Weltkirche 34. Bonn, 1993, 145.

Licht der Ethik als ungerecht und unmenschlich betrachtet werden. Auf die Enttäuschung über unerfüllte Projekte der Moderne folgte das Fehlen eines Interesses am Schicksal der Schwächsten in der Gesellschaft. Der Geist der Epoche, in der wir leben, ist wenig kämpferisch und einsatzbereit. In einem neoliberalen und postmodernen Rahmen, der sich auf einen aggressiven Individualismus stützt, erweist sich die Solidarität als wirkungslos, als eine Art Überbleibsel aus der Vergangenheit.[206]

4.5.4 Der religiöse Pluralismus und das Problem des Anderen

Unleugbar leben wir in einer Zeit, in der sich die Entfernungen auf dem Planeten, im globalen Dorf, verkürzen, und in dem das Bewusstsein für die Vielfalt der Völker, Kulturen, Arten, Ethnien und Religionen wächst. So sind die „Frage nach dem Anderen" und der religiöse Pluralismus zum Hauptproblem geworden und eine Herausforderung an eine Theologie der Evangelisierung.

In Lateinamerika haben die alten indigenen Völker ihre Stimme wegen der im Laufe der Jahrhunderte erlittenen Drangsale zum Protest erhoben. Aber sie haben sie auch erhoben, um andere mit dem Überfluss ihrer Kulturen, mit der Liebe zur Erde als der Quelle des Lebens, mit der Erfahrung ihres Respekts gegenüber der natürlichen Welt und mit ihrem Gemeinschaftssinn, mit dem Tiefgang ihrer religiösen Werte und mit dem Wert ihrer theologischen Reflexion zu bereichern.[207] Mit den, in jedem Fall eigenen, Nuancen vollzieht sich etwas Ähnliches bei der schwarzen Bevölkerung unseres Kontinents[208] und mit der neuen Präsenz der Frau, besonders der Frau, die zu den an den Rand Gedrängten und Unterdrückten gehört.[209] Das hat zu einem fruchtbaren Dialog zwischen unterschiedlichen theologischen Standpunkten geführt und ähnliche Strömungen gibt es für einen Dialog zwischen Religionen.

In diesem Zusammenhang bedeutet das Evangelium zu verkünden, einen heilbringenden Dialog zu beginnen. Es setzt den Respekt gegenüber dem Anderen und seinen Besonderheiten voraus. Es sucht sich nicht aufzudrängen, sondern zu dienen. Darauf muss das abzielen, was wir heute Inkulturation des Glaubens nennen und was zweifelsohne einer alten Erfahrung der Kirche entspricht. Es geht dabei um eine doppelte Bewegung: Der christliche Glaube muss ständig in neuen kulturellen Werten Menschengestalt annehmen und zugleich

---

[206] Gutiérrez, G.: Wo werden die Armen schlafen, a.a.O., 141.
[207] Vgl. das Ergebnis zweier Begegnungen, veröffentlicht in Teología India I: Primer encuentro taller latinoamericano (México 1990). Quito: Abya-Yala, 1991, und Teología India II: Segundo encuentro latinoamericano (Panamá 1993), Quito: Abya-Yala, 1994.
[208] Vgl. das Sammelwerk von verschiedenen Autoren: Departamento Ecuménico de Investigaciones (Hrsg.): Cultura negra y Teología. San José/Costa Rica, 1986.
[209] Vgl. Bingemer, María Clara: El rostro femenino de la teología. San José: DEI, 1988 und Aquino, María Pilar: Nuestro clamor por la vida: Teología latinoamericana desde la perspectiva de la mujer. San José: DEI, 1992.

müss den Kulturen die Botschaft des Evangeliums verkündigt werden. Zudem ist die Bemerkung wichtig, dass der Dialog Gesprächspartner voraussetzt, die sich ihrer eigenen Identität sicher sind. Der christliche Glaube und die Theologie können nicht auf ihre Quellen und auf ihre Personalität verzichten, um mit anderen Ansichten in Kontakt zu treten. Wir denken dabei jedoch an die Tendenz, die wir heute bei vielen Menschen und auch Christen sehen, die der Auffassung sind, dass es keinen authentischen Dialog gibt, wenn wir nicht auf die eine oder andere Weise auf unsere Überzeugungen und unsere Auffassung von der Wahrheit verzichten. Dem Empfänger unserer Verkündigung des Evangeliums gegenüber sind wir verpflichtet, mit Klarheit unsere Überzeugungen darzulegen, so wie wir auch seine Überzeugungen respektieren.[210]

Wir sollen die angemessene Sprache für einen wirklich respektvollen und nützlichen Dialog finden. Die große Herausforderung ist es, ihn zu Ende zu führen, ohne die Wahrheiten und ihre Tragweite, an die wir glauben, zu verheimlichen oder herabzusetzen. Es ist eine Herausforderung an den Glauben und an die Aufrichtigkeit. Nach dieser Aussage tut einmal mehr die Fähigkeit des Zuhörens und der Öffnung gegenüber dem Not, was der Herr uns von anderen Bereichen des Menschseins, der Kultur und der Religion her sagen kann. Es scheint offensichtlich paradox, dass die Fähigkeit des Hörens auf andere um so größer ist, je stärker unsere Überzeugung und je transparenter unsere christliche Identität ist.[211]

4.5.5 Vertiefung der Spiritualität

In jüngerer Zeit gab es eine reichhaltige Produktion im Sinne einer Spiritualität der Befreiung. Der Grund dafür ist einfach: Die geistliche Erfahrung des armen Volkes des Kontinents mitten in einem historischen Prozess, der von Erfolgen und Misserfolgen weiß, ist herangereift. Das Interesse in Verbindung mit der geistlichen Erfahrung bedeutet keine irgendwie geartete Haltung des Rückzugs bezüglich der Optionen zur Sozialordnung, die wir in ihrer ganzen Gültigkeit als Ausdruck der Solidarität mit den Armen und Unterdrückten aufrechterhalten. Wer so denkt, scheint die Radikalität zu verkennen, die den Dingen auf den Grund geht, dort, wo sich täglich die Liebe zu Gott und die Liebe zum Nächsten verbinden. In dieser Tiefe liegt die Spiritualität. Weit davon entfernt, eine Flucht vor den Herausforderungen der Gegenwart zu sein, gibt sie unserem „Reden von Gott" Stärke und Dauerhaftigkeit. Rilke hatte recht, als er sagte, dass man Gott in unseren Wurzeln finden kann. Und niemals werden wir aufhören, sie zu vertiefen.[212]

Im Kern selbst der vorrangigen Option für den Armen gibt es einen spirituellen Baustein der Erfahrung der sich schenkenden Liebe Gottes. Die Ablehnung der

---

[210] Gutiérrez, Gustavo: Wo werden die Armen schlafen, a.a.O., 152-153.
[211] Ebd., 2004, 153.
[212] Gutiérrez, Gustavo: Die Lage und die Aufgaben der Theologie der Befreiung, a.a.O., 75.

Ungerechtigkeit und der Unterdrückung, die diese Erfahrung mit sich bringt, ist in unserem Glauben an den Gott des Lebens verankert. Für diese Vorstellung ist der Weg eines Volkes wesentlich, das seinen Glauben lebt und seine Hoffnung mitten in einem Leben aufrechterhält, das aus Armut und Ausgrenzung, aber auch aus Plänen und einem gewachsenen Bewusstsein für die eigenen Rechte besteht. Die Armen Lateinamerikas haben den Weg eingeschlagen, ihre Menschenwürde und ihre Eigenschaft als Söhne und Töchter Gottes zu bekräftigen. Auf diesem Weg gibt es eine Begegnung mit dem gekreuzigten und auferstandenen Herrn. Aufmerksam auf diese geistliche Erfahrung zu sein, die mündlichen Traditionen und die Schriften anzunehmen, in der sie erzählt wird, wird zu einer vorrangigen Aufgabe der theologischen Reflexion, die unter uns betrieben wird.[213]

---

[213] Ebd., 76.

5 Schlussbemerkungen

Die Geschichte der lateinamerikanischen Theologie, und man kann durchaus sagen, der weltweiten Theologie, hat durch die Einsichten und die Entwicklungen von Gustavo Gutiérrez eine entscheidende Prägung erfahren.

Kein anderer vor ihm hat mit solcher Klarheit, Vehemenz und persönlicher Kongruenz die Bedeutung der theologischen und spirituellen Perspektive eingefordert, die aus dem befreienden Einsatz für die Armen und Unterdrückten dieser Welt erwächst.

Dennoch kursiert die Überzeugung – besonders in bestimmten theologischen und philosophischen Kreisen, die sehr sensibel auf die spekulativen und rationalen Dimensionen reagieren –, dass die Theologie von Gustavo Gutiérrez nicht das erforderliche intellektuelle Niveau besitzt; besonders dann, wenn man die Arbeit des peruanischen Theologen mit der spekulativen Kraft einiger der anerkannten großen Theologen des zwanzigsten Jahrhunderts vergleicht. Reine Soziologie, Fixierung auf die rein praktische Seite der Pastoral oder fehlende Systematisierung sind einige der wichtigsten Punkte, die die Schwäche der Theologie Gustavo Gutiérrez' kennzeichnen könnten.

Im diesem Sinn teile ich die Meinung Leonardo Boffs, der aufzeigt, dass Gutiérrez manchmal weder die Zeit noch die Möglichkeit hatte, den Inhalt vollständig auszuarbeiten und ein systematisches Gesamtwerk zu schaffen. Seine Theologie denkt ausgehend von der praktischen Erfahrung; was zur Folge hat, dass dieses Festhalten an den Praktiken der Befreiung ein freieres Denken erfordert, das sich den Anforderungen des Augenblicks anpasst und eine distanziertere Sichtweise der Probleme für andere Umstände aufspart, eine Sichtweise, die dann zudem größere Systematisierungsmöglichkeiten besitzt[214]. So bekräftigt Gutiérrez: „Die Leiden und Ängste, Freuden und Hoffnungen der Menschen von heute wie auch die derzeitige Situation des Auftrags der Kirche, zu evangelisieren, müssen uns mehr als die Gegenwart und die Zukunft einer Theologie interessieren."[215] Bei aller Kritik, die seine Theologie – wie jede Theologie, die letztlich ein „menschlicher Entwurf" bleibt – verdient, dürfen wir Gutiérrez' größtes Verdienst nicht übersehen: Seine Theologie hat in den Armen Lateinamerikas und anderswo ein kritisches Bewusstsein ihrer Menschenwürde als Kinder Gottes wachgerufen und das Recht der Armen auf ihre Gottes-Rede verteidigt; auch in der Kirche werden die Armen als Jünger Jesu wahrgenommen und nicht bloß als Objekt karitativer Fürsorge und sakramentaler Pastoral. Dem theologischen Aristokratismus ist die Spitze gebrochen, die Armen sind in das Herz der Kirche eingedrungen. In diesem Sinne stellt auch

---

[214] Boff, Leonardo: La originalidad de la teología de la liberación. In: Arns, Paulo Evaristo u.a.: Teología y liberación. Perspectivas y desafios: Ensayos en torno a la obra de Gustavo Gutiérrez. Bd. I. Lima: IBC-CEP, 1989, 143.
[215] Gutiérrez, Gustavo: Wo werden die Armen schlafen?, a.a.O., 115.

die Theologie der Befreiung Gutiérrez – Einseitigkeiten hin oder her – eine Wiederentdeckung des Evangeliums in Lateinamerika dar.

Der peruanische Theologe fragt nach Gott aus der Perspektive der Armen, „von den Armen aus", und daher ist er an der „Geschichte des Anderen" interessiert, die eine „andere Geschichte" darstellt, nämlich deren „Rückseite", wo die zu überleben versuchen, „die in der Geschichte nirgends vorkommen."[216] Dieser Wechsel der Perspektive kann als hermeneutischer Schlüssel für das Verständnis seiner Theologie gelten.

Der Perspektivenwechsel gründet nicht in einer politischen Option, wie viele verkürzenden Analysen aufgezeigt haben, sondern geht auf eine spirituelle Grundlinie zurück: der „Einbruch des Armen" *(irrupción del pobre)* mit seinem ganzen Potential, der in der Gesellschaft und Kirche Lateinamerikas letztlich ein *Einbruch Gottes* in unser Leben ist. Dieser Einbruch ist der Ausgangspunkt und auch der Dreh- und Angelpunkt der neuen Spiritualität.

Spiritualität ist also kein Appendix, der auch fehlen könnte, sondern eine umfassende Wirklichkeit, die als Konstitutive der christlichen Praxis, die die zwei Dimensionen von Gabe und Aufgabe, von Gebet und Engagement verbindet, bezeichnet werden kann. Diese Spiritualität versteht sich als Zirkelbewegung von historischen Erfahrungen und biblischen Grundbegriffen, aus der sich fünf Doppelelemente der Praxis ergeben: Wer Solidarität praktizieren will, bedarf der eigenen Umkehr; wer sich in der Geschichte engagiert, erfährt die unverdiente Liebe Gottes als Quelle seines Einsatzes; die Erfahrung des Leidens führt zur Erfahrung österlicher Freude; das Engagement für die Armen lässt die geistliche Kindschaft entdecken; die schmerzliche Erfahrung von Einsamkeit und Verfolgung lässt die Bedeutung der kirchlichen Gemeinschaft erfahren.[217]

Im Hinblick auf das lateinamerikanische Volk, zum großen Teil arm und zugleich gläubig, geht der peruanische Theologe der Frage nach, wie es angesichts des Leidens der Unschuldigen möglich ist, von der Güte Gottes zu reden. Gutiérrez betont den Primat der Betrachtung und der Praxis gegenüber der theologischen Reflexion: „Das Geheimnis Gottes lebt in der Betrachtung und in der Verwirklichung des Planes, den Gott mit der menschlichen Geschichte hat; erst an zweiter Stelle kann dieses Leben einen dann zu einer entsprechenden Reflexion bzw. einem angemessenen Sprechen ermutigen."[218] Daraus ergibt sich, dass das Nachdenken über das Geheimnis Gottes nur von der Nachfolge Jesu her geschehen kann. Allein aufgrund eines Lebens nach dem Geist ist es möglich, das Geschenk der Liebe des Vaters an jeden Menschen zu denken und zu verkündigen.[219]

---

[216] Vgl. Gutiérrez, G.: Die historische Macht der Armen, a.a.O., 148.
[217] Vgl. Ders., Aus der eigenen Quelle trinken, a.a.O., 102-149.
[218] Ders., Von Gott sprechen in Unrecht und Leid – Ijob, a.a.O., 13.
[219] Vgl. Gutiérrez, Gustavo: Un lenguaje sobre Dios. In: Concilium 191, 01/1984, 56.

Im theologischen Entwurf Gutiérrez, der in der Spiritualität des Volkes einsetzt, die nicht losgelöst von ihrer Befreiungspraxis existiert, wird eine Rede von Gott erreicht, die zentrale Elemente in sich vereint, die in der vorliegenden Arbeit dargestellt wurden: der Arme erhebt sich, indem er sein Schicksal bestimmt und in seinem Recht einen Diskurs über seinen eigenen Glauben beginnt. Er ist nicht nur der vorrangige Adressat des Evangeliums, sondern der Träger der Frohen Botschaft der Erlösung. Es handelt sich um eine theologische Reflexion, die „den Armen ernst nimmt" und die vertritt, dass die Evangelisierung erst dann wirklich befreiend wirkt, wenn sie in den Händen der Armen liegt, wenn sie die Armen zu ihren Trägern macht.

Diese Weise das Evangelium zu verkünden führt so zur Begegnung mit einem lebendigen Gott und zwar exakt im Leben und Tod des Volkes: in seinen Kämpfen und seinen Hoffnungen. Es handelt sich um eine Rede von Gott, die aus der religiöser Erfahrung unserer Völker, die durch Solidarität, Zärtlichkeit und Geschwisterlichkeit gekennzeichnet ist, ein befreiendes Potential macht, eine befreiende Spiritualität.

Hierin liegt der große Beitrag Gustavo Gutiérrez' zur Theologie der Evangelisierung. Der hermeneutische Zirkel von Nachfolge, theologischem Denken und dem Engagement (der Option) besteht nach dem in dieser Arbeit Dargestellten ohne jeden Zweifel in seiner „Rede von Gott". Die Reflexion über das Geheimnis Gott kann nur in der Nachfolge Jesu erfolgen und im Engagement für den Armen; und ausschließlich dann ist es möglich, die ungeschuldete Liebe des Vaters zu denken und zu verkünden, wenn man auf den Wegen des Heiligen Geistes geht. Diese zirkuläre und hermeneutische Methodologie stellt das Zentrum seiner „Rede von Gott" dar.

Gutiérrez' Gottes-Rede will deutlich machen, dass der sich offenbarende Gott ein Gott des Lebens ist. Angesichts des ständig von einem „Tod vor der Zeit" bedrohten Lebens der Mehrheit der Menschen in Lateinamerika gewinnt der Glaube an den Gott des Lebens eine sehr konkrete und praktische Relevanz. Der Wille Gottes ist, dass die Armen Leben haben. Die Spannung, in der die Theologie der Evangelisierung Lateinamerikas steht, ist also nicht die Spannung zwischen Materie und Geist oder zwischen Körper und Seele, sondern zwischen Leben und Tod. Implizit ist hier auch schon eine theozentrische Begründung der Option für die Armen in dem Sinn enthalten, dass sie ihr Fundament im Glauben an den Gott des Lebens hat.

Inmitten einer Situation von Ausgrenzung und Misshandlung, von der es sich zu befreien sucht, glaubt das lateinamerikanische Volk an den Gott des Lebens. Wie Victor und Irene Chero im Namen der Armen Perus (von denen mehr als eine Million ebenfalls dort war) zu Johannes Paul II. anlässlich seines Besuches 1985 sagten: „Mit unserem Herz, zerbrochen vor Schmerz, sehen wir, wie unsere Ehefrauen mit Tuberkulose gebären, wie unsere Kinder sterben, wie unsere Söhne und Töchter schwach sind und keine Zukunft haben". Und sie fügten hinzu: „Doch trotz allem glauben wir an den Gott des Lebens."[220] Dies ist ein Kontext oder besser eine lebendige Realität, der die Theologie nicht ausweichen kann. Eher muss sie sich von ihr ernähren. Fortwährend.

Der Glaube an den Gott des Lebens und die Hoffnung auf ihn, die sich beide inzwischen in einer Situation des Todes und des Kampfes um das Leben bei den lateinamerikanischen Armen und Unterdrückten eingenistet haben, sind die Brunnen, an denen wir trinken müssen, wenn wir Jesus treu bleiben wollen. Die Reflexion über den Glauben, die Theologie, ist aufgerufen in unserer Zeit eine Hermeneutik der Hoffnung zu sein, einer Hoffnung auf den Gott des Lebens.

In diesem Sinn zeigt uns die gegenwärtige Zeit die Vordringlichkeit von etwas, das sehr elementar erscheinen mag: dem menschlichen Dasein Sinn zu geben. Verschiedene Faktoren, die auf diesen Seiten angeführt wurden, konvergieren und schwächen oder zerstreuen die Bezugspunkte, die die Menschen von heute haben. Besonders die jungen Menschen haben Schwierigkeiten das Warum und das Wozu ihres Lebens zu erkennen. Ohne diesen Sinn des Lebens verliert unter anderem der Kampf für eine gerechtere Ordnung und für menschliche Solidarität Energien und es fehlt ihm an Biss. Eine wesentliche Aufgabe der Verkündigung des Evangeliums heute ist es, dem Leben Sinn zu geben. Vielleicht wurde das in den ersten Momenten der theologischen Arbeit in Lateinamerika als selbstverständlich angesehen, wie auch die Ermutigung durch den Glauben und die Bekräftigung grundlegender Wahrheiten der christlichen Botschaft für gegeben gehalten wurden. Wie dem auch immer sei, sicher ist es gegenwärtig notwendig, sich um die Grundlagen der Umstände des Menschseins und des Glaubenslebens zu sorgen. Einmal mehr scheint es, dass der Einsatz für den Armen als Option, die auf die sich schenkende Liebe Gottes ausgerichtet ist, in dieser Angelegenheit von großer Bedeutung ist. Sie ordnet sich in das ein, was auf den vorhergehenden Seiten als Verklammerung von geistlicher Erfahrung und geschichtlicher Solidarität beschrieben wurde, d.h. in eine prophetisch-mystische Gottes-Rede, ein Merkmal und wichtiges Verdienst Gutiérrez' zur Theologie der Evangelisierung. Das ist nur eine vielleicht etwas abstrakte Art, zu wiederholen, was das Evangelium in aller Einfachheit sagt: Die Liebe zu Gott und die Liebe zum Nächsten, dies fasst die Botschaft Jesu zusammen..[221]

Es geht hier auch darum, in den Kampf für die Hoffnung der Armen einzutreten. Es ist ein schwerer Kampf, wie der brasilianische Bischof Pedro Casaldáliga sagt, denn wenn man einem Volk die Hoffnung nimmt, hat man ihm alles genommen. Wenn und solange sie Hoffnung haben, können die Armen leben, arbeiten und ihre Würde wahren. Und sie können der Ersten Welt Licht, Solidarität und Rettung bieten. So zeigen sie den im Überfluss lebenden Völkern, dass man auch anders leben kann – nicht nach den Werten des westlichen

---

[220] Gutiérrez, Gustavo: El Dios de la vida, a.a.O., 13-14.
[221] Vgl. Comblin, José: Cristâos rumo ao século XXI. Nova caminhada de libertação. São Paulo: Paulus, 1996.

Welt, als da sind Konsumismus, Individualismus, Selbstgefälligkeit, Egoismus, sondern oft genug gegen sie.

So will unser peruanischer Theologe durch seine „Gottes-Rede" alle Menschen ermutigen, die sich den Hunger und den Durst nach Gerechtigkeit nicht ausreden lassen und eine offene Wunde durch die Geschichte tragen. Diese tröstende „Hoffnung wider alle Hoffnung" findet Gutiérrez zärtlich ausgedrückt in einem Gedicht seines Landsmanns César Vallejo:

„Und ein zutiefst betroffener Gott

fühlt uns, ernst und stumm, den Puls;

und wie ein Vater seiner Kleinen

öffnet er ihr behutsam, ganz behutsam

den blutdurchtränkten Verband –

und unter seinen Fingern entspringt

Hoffnung.[222]

Die Theologie der Evangelisierung sei eine Hermeneutik der wie ein Geschenk des Herrn gelebten Hoffnung. Deshalb geht es tatsächlich darum, der Welt die Hoffnung zu verkünden in dem Moment, den wir als Kirche leben.

---

[222] Vallejo, César: Trilce. Madrid: Julio Ortega, 1991, Gedicht XXXI, 160.

6 Literaturverzeichnis

Die Literaturliste ist alphabetisch bzw. nach Autoren geordnet.

ALBERIGO, Giuseppe u.a.: Teología de la liberación. Cruce de miradas. Coloquio de Friburgo. Lima: CEP, 2000.

AQUINO, María Pilar: Nuestro clamor por la vida: Teología latinoamericana desde la perspectiva de la mujer. San José: DEI, 1992.

ARGUEDAS, José María: El zorro de arriba y el zorro de abajo. Buenos Aires: Losada, 1971.

BINGEMER, María Clara: El rostro femenino de la teología. San José: DEI, 1988.

Biografía de Gustavo Gutiérrez Merino-Díaz. ABC Periódico Electrónico S.L.U. Internet-Adresse: http://www.abc.es/especiales/index.asp?cid=5843 (Download 09.01.05).

BISCHOFSKONFERENZ VON GUATEMALA: Erklärung vom 6.8.1981. In: Morir y despertar en Guatemala. Lima: CEP, 1981.

BOFF, Leonardo: La originalidad de la teología de la liberación. In: Arns, Paulo Evaristo u.a.:Teología y liberación. Perspectivas y desafíos: Ensayos en torno a la obra de Gustavo Gutiérrez. Bd.I. Lima: IBC-CEP, 1989.

BOFF, Leonardo: Schrei der Erde, Schrei der Armen. Düsseldorf: Patmos, 2002.

BOFF, Leonardo: Teologia do Cativeiro e da Libertação. Lissabon: Multinova, 1976.

BOFF, Leonardo: Werkbuch. Theologie der Befreiung. Anliegen-Streitpunkte-Personen. Düsseldorf: Patmos, 1988.

BUCHER, Alexius (Hrsg.): Die „vorrangige Option für die Armen" der katholischen Kirche in Lateinamerika. Zugänge zu ihrer Begründungsproblematik, Geschichte und Verwirklichung. Bd. I. Eichstätt, 1991.

CHENU, MARIE-DOMINIQUE: Le Saulchoir. Eine Schule der Theologie. Aus dem Französichen von M. Lauble und mit einer Einführung von Ch. Bauer, hrsg. von Ch. Bauer, Th. Eggensperger und U. Engel (Collection Chenu Bd. 2), Berlin, 2003.

CHENU, MARIE-DOMINIQUE: Une école de théologie: Le Saulchoir. Paris: Cerf, 1985. Erstveröffentlichung „pro manuscripto", 1937.

CLAR (Confederación Latinoamericana de Religiosos = Lateinamerikanischer Verband der Ordensleute), Documento de la IV Asamblea General, Dezember 1969, In: Signos de liberación. Lima: CEP, 1973.

COMBLIN, José: Cristâos rumo ao século XXI. Nova caminhada de libertaçâo. Sâo Paulo: Paulus, 1996.

CONFERENCIA EPISCOPAL PERUANA (Hrsg.): „El pobre latinoamericano – Destinatario y sujeto de evangelización". Nr. 435-441. Lima, 1978.

COSTE, René: Dieu et l'écologie. Paris: Atelier, 1994.

„Cruz y resurrección", Pastorale Ermahnung am 26.2.1978. In: Boletín del Arzobispado de Lima (Hrsg.), August 1978.

DE LAS CASAS, Bartolomé: Historia de las Indias. In: Ders., Obras completas. Vol. 5, Madrid: Isacio Pérez Fernández,1994.

DE MENDIETA, Jerónimo: Historia eclesiástica indiana. 2 Bd. Madrid: Biblioteca de autores españoles, 1973.

DELGADO, Mariano; NOTI, Odilo; VENETZ, Hermann-Josef (Hrsg.): Blutende Hoffnung. Gustavo Gutiérrez zu Ehren, Luzern: Edition Exodus, 2000.

Departamento Ecuménico de Investigaciones (Hrsg.): Cultura negra y Teología. San José/Costa Rica, 1986.

DÍAZ MATEOS, Manuel: Dios será tu riqueza. In: Sobrino, Jon u. a.: Teología y liberación, escritura y espiritualidad: Ensayos en torno a la obra de Gustavo Gutiérrez. Bd. II. Lima: IBC-CEP, 1990.

EAGLESON, John; SCHARPER, Phillip (Hrsg.): Puebla and Beyond. Maryknoll: Orbis Books, 1979.

ENGEL, Ulrich: Posthume Ehrenpromotion von M.-D. Chenu OP. Institut M.-Dominique Chenu und Katholisch-Theologische Fakultät erinnerten in Tübingen an den französischen Theologen. Internet-Adresse: http://www.espaces-online.net (Download 18.01.05).

Feststellungen gegenüber José Calderón Salazar, Korrespondent der Tageszeitung Excelsior, Mexiko. In: Orientación, San Salvador, 13.4.1980.

Für eine Zukunft in Solidarität und Gerechtigkeit. Wort des Rates der Evangelischen Kirche in Deutschland und der Deutschen Bischofskonferenz zur wirtschaftlichen und sozialen Lage in Deutschland. In: Sekretariat der deutschen Bischofskonferenz (Hrsg.): Gemeinsame Texte 9. Bonn, 1997.

GELIN, Albert: Die Armen – Sein Volk. Mainz: Matthias-Grünewald, 1957.

GELIN, Albert: Moïse dans l'ancien testament, en Moïse, l'homme de l'alliance. Paris : Cerf, 1955.

GONZÁLEZ RUIZ, José María: Pobreza evangélica y promoción humana. Barcelona: Nova Tema, 1966.

GUAMÁN POMA DE AYALA, Felipe: Nueva Crónica y buen gobierno. Murra, John; Adorno, Rolena; Urioste, Jorge Luis (Hrsg.), Madrid, 1987.

GUTIÉRREZ Gustavo; Müller, Gerhard Ludwig: An der Seite der Armen. Theologie der Befreiung. Augsburg: Sankt Ulrich, 2004.

GUTIÉRREZ, Gustavo: Aus der eigenen Quellen trinken. Spiritualität der Befreiung. Mainz: Matthias-Grünewald, 1986.

GUTIÉRREZ, Gustavo: Das Zweite Vatikanische Konzil und die Kirche Lateinamerikas. In: Bischöfliche Aktion Adveniat. Nr. 12. Essen, 1986.

GUTIÉRREZ, Gustavo: De marginado a discípulo. In: Densidad del presente. Selección de artículos. Lima: IBC-CEP, 1996.

GUTIÉRREZ, Gustavo: Densidad del presente. Selección de artículos. Lima: IBC-CEP, 1996.

GUTIÉRREZ, Gustavo: Die historische Macht der Armen. Mainz: Matthias-Grünewald, 1984.

GUTIÉRREZ, Gustavo: Die Lage und die Aufgaben der Theologie der Befreiung. In: Ders.; Müller, Gerhard Ludwig: An der Seite der Armen: Theologie der Befreiung. Augsburg: Sankt Ulrich, 2004.

GUTIÉRREZ, Gustavo: El Dios de la vida. Lima: PUCP, 1982.

GUTIÉRREZ, Gustavo: En busca de los pobres de Jesucristo. El pensamiento de Bartolomé de Las Casas. Lima: CEP, 1992.

GUTIÉRREZ, Gustavo: Entre las Calandrias. Un ensayo sobre José María Arguedas. Lima: IBC-CEP, 1990.

GUTIÉRREZ, Gustavo: Fidelidad a la vida. In: Signos de vida y fidelidad. Lima: CEP, 1983.

GUTIÉRREZ, Gustavo: Hablar de Dios desde el sufrimiento del inocente. Una reflexión sobre el libro de Job. Lima: IBC-CEP, 1986.

GUTIÉRREZ, Gustavo: In die Zukunft blicken. Einleitung zur Neuauflage seines Buches: Theologie der Befreiung. 10. Aufl. Mainz: Matthias-Grünewald, 1992.

GUTIÉRREZ, Gustavo: La fuerza histórica de los pobres. Lima: CEP, 1979.

GUTIÉRREZ, Gustavo: La verdad los hará libres. Lima: IBC-CEP, 1986.

GUTIÉRREZ, Gustavo: Sobre el Documento de Consulta para Puebla. In: Páginas. Lima: CEP, Band III, Nr. 16-17, 1978.

GUTIÉRREZ, Gustavo: Teología de la liberación. Perspectivas. Lima: CEP, 1971 (dt.: Theologie der Befreiung. München: Kaiser, 1973).

GUTIÉRREZ, Gustavo: Theologie der Befreiung. 10. Aufl. Mainz: Matthias-Grünewald, 1992.

GUTIÉRREZ, Gustavo: Una agenda. La IV Conferencia de Santo Domingo. In: Ders., Densidad del presente. Selección de artículos. Lima: IBC-CEP, 1995.

GUTIÉRREZ, Gustavo: Un lenguaje sobre Dios. In: Concilium 191, 01/1984.

GUTIÉRREZ, Gustavo: Von Gott sprechen in Unrecht und Leid – Ijob. Mainz: Matthias-Grünewald, 1988.

GUTIÉRREZ, Gustavo: Wo werden die Armen schlafen? In: Ders.; Müller Gerhard Ludwig: An der Seite der Armen. Theologie der Befreiung. Augsburg: Sankt Ulrich, 2004.

JIMÉNEZ, Alberto: A vueltas con la postmodernidad. In: Proyección. Nr. 155, o.O., Okt. 1989.

JOHANNES PAUL II.: Am ersten Jahrestag der Ermordung von Erzbischof Oscar Romero. In: L'Osservatore Romano, 29.3.1981.

JOHANNES PAUL II.: Ansprache an die Peruanische Bischofskonferenz in Lima am 2. Februar 1985. In: Biografía de Gustavo Gutiérrez Merino-Díaz.. ABC Periódico Electrónico S.L.U. Internet-Adresse: http://www.abc.es/especiales/index.asp?cid=5843 (Download 09.01.05).

JOHANNES PAUL II.: Ansprache an die 19. Vollversammlung des Lateinamerikanischen Bischofsrats (CELAM) in Port-au-Prince am 9. März. In: Sekretariat der Deutschen Bischofskonferenz (Hrsg.): Verlautbarungen des Apostolischen Stuhls 46. Bonn, 1983.

JOHANNES PAUL II.: Brief an die brasilianische Bischofskonferenz. In: Herderkorrespondenz 40, 1986.

JOHANNES PAUL II.: Centesimus annus. In: Sekretariat der deutschen Bischofskonferenz (Hrsg.): Verlautbarungen des Apostolischen Stuhls 101. Bonn, 1991.

JOHANNES PAUL II.: Eröffnungsansprache in IV. Generalversammlung des Lateinamerikanischen Episkopates in Santo Domingo. 12.10.1992. In: Sekretariat der Deutschen Bischofskonferenz (Hrsg.): Stimmen der Weltkirche 34. Bonn, 1993.

JOHANNES PAUL II.: Redemptor hominis 16. In: Sekretariat der Bischofskonferenz (Hrsg.): Verlautbarungen des Apostolischen Stuhls 6. Bonn,1979.

JOHANNES PAUL II.: Sollicitudo rei socialis. In: Sekretariat der deutschen Bischofskonferenz (Hrsg.): Verlautbarungen des Apostolischen Stuhls 82. Bonn, 1988.

JOHANNES PAUL II.: Tertio millennio adveniente. In: Sekretariat der Deutschen Bischofskonferenz (Hrsg.): Verlautbarungen des Apostolischen Stuhls 37. Bonn, 1982.

JÜNGEL, Eberhard: Gott als Geheimnis der Welt. Tübingen: Mohr, 1986.

Kirche Lateinamerikas, die: Dokumente der II. und III. Generalversammlung des Lateinamerikanischen Episkopates in Medellín und Puebla. In: Sekretariat der Deutschen Bischofskonferenz (Hrsg.): Stimmen der Weltkirche 8. Bonn, 1979.

KLINGER, Elmar: Armut: Eine Herausforderung Gottes. Der Glaube des Konzils und die Befreiung des Menschen. Zürich: Benzinger, 1990.

KONGREGATION FÜR DIE GLAUBENSLEHRE: Instruktion über die kirchliche Berufung des Theologen. In: Sekretariat der Deutschen Bischofskonferenz (Hrsg.): Verlautbarungen des Apostolischen Stuhls 98. Bonn, 1990.

LIBÂNIO, João Batista: Europäische und lateinamerikanische Theologie. Unterschiedliche Perspektiven. In: Sievernich, Michael: Impulse der Befreiungstheologie für Europa. München: Kaiser, 1988.

LOHFINK, Norbert: Option for the poor. The basic principle of Liberation Theology in the light of the Bible. Berkeley: Bibal Press, 1987.

MAIER, Martin: Spiritualität und Theologie im Werk von Gustavo Gutiérrez. In: Delgado, Mariano; Noti, Odilo; Venetz, Hermann-Josef (Hrsg.): Blutende Hoffnung. Gustavo Gutiérrez zu Ehren. Luzern: Edition Exodus, 2000.

MANZANERA, Miguel: Teología, salvación y liberación en la obra de Gustavo Gutiérrez. Bilbao: Deusto, mensajero, 1978.

MARTÍNEZ GORDO, Jesús: La fuerza de la debilidad. La teología fundamental de Gustavo Gutiérrez. Bilbao: Instituto Diocesano de Teología y Pastoral, 1994.

MARZAL, Manuel: Rostros indios de Dios: los amerindios cristianos. Quito: Abya-Yala, 1991; dt. Schreijäck, Thomas (Hrsg.): Die indianischen Gesichter Gottes. Frankfurt a. M., 1992.

MCAFEE BROWN, Robert: Gustavo Gutiérrez. An introduction to Liberation Theology. Maryknoll: Orbis Books, 1990.

MEDELLÍN: Die Kirche Lateinamerikas: Dokumente der II. und III. Generalversammlung des Lateinamerikanischen Episkopates in Medellín und Puebla. In: Sekretariat der Deutschen Bischofskonferenz (Hrsg.): Stimmen der Weltkirche 8. Bonn, 1979.

MÉNDEZ ARCEO: Maria – höchste Ausdrucksform des Weiblichen. Homilie in der Wallfahrtskirche von Guadalupe. 26.5.1982. In: Signos de vida y fidelidad, o.O., 1982.

MOLTMANN, Jürgen: Zukunft der Schöpfung. München: Kaiser, 1977.

OLIVEROS, Roberto: Teología de la liberación: su génesis, crecimiento y consolidación (1968-1988). In: Arns, Paulo Evaristo u. a.: Teología y liberación. Perspectivas y desafíos. Ensayos en torno a la obra de Gustavo Gutiérrez. Bd. I. Lima: IBC-CEP, 1989.

PAUL VI: Evangelii nuntiandi. In: Sekretariat der Deutschen Bischofskonferenz (Hrsg.): Verlautbarungen des Apostolischen Stuhls 2. Bonn, 1975.

PUEBLA: Die Kirche Lateinamerikas: Dokumente der II. und III. Generalversammlung des Lateinamerikanischen Episkopates in Medellín und Puebla. In: Sekretariat der Deutschen Bischofskonferenz (Hrsg.): Stimmen der Weltkirche 8. Bonn, 1979.

RAHNER, Karl; VORGRIMLER, Herbert: Kleines Konzilskompendium. Sämtliche Texte des Zweiten Vatikanums. Freiburg i. Br., 1986.

ROMERO, Oscar: Ansprache zur Verleihung der Ehrendoktorwürde der Universität Löwen am 2.2.1980. In: Internationales Katholisches Missionswerk (Hrsg.): Missio-Informationen. München, 4/1980.

SANTO DOMINGO: Dokument von Santo Domingo. Vierte Generalversammlung der lateinamerikanischen Bischöfe. Schlussdokument Neue Evangelisierung, Förderung des Menschen, Christliche Kultur. In: Sekretariat der Deutschen Bischofskonferenz (Hrsg.): Stimmen der Weltkirche 34. Bonn, 1993.

SCHLOSSER, Jacques: Le Règne de Dieu dans les dits de Jésus. Paris: Ètudes Bibliques, 1980.

Schlussdokument des Zweiten Nationaltreffens Kirchlicher Basisgemeinden in Vitória – Espírito Santo, Brasilien. In: Signos de lucha y esperanza 314, 01/1975.

SIEVERNICH, Michael; Spelthahn, Dieter (Hrsg.): Fünfhundert Jahre Evangelisierung Lateinamerikas. Geschichte, Kontroversen, Perspektiven. Frankfurt a. M. 1995.

SIEVERNICH, Michael: Gezeiten der Befreiungstheologie. In: Delgado, M.; Noti, O.; Venetz, H.(Hrsg.): Blutende Hoffnung. Gustavo Gutiérrez zu Ehren. Luzern: Edition Exodus, 2000.

SIEVERNICH, Michael: Imagination und Reflexion der Befreiung. Die Bilder-Chronik des Felipe Guamán Poma de Ayala und die Theologie der Befreiung in Lateinamerika. In: Schmied, Wieland; Schilling, Jürgen (Hrsg.): Gegenwart Ewigkeit. Spuren des Transzendenten in der Kunst unserer Zeit. Stuttgart, 1990.

SIEVERNICH, Michael: Los caminos de la teología de la liberación. In: Alberigo, Giuseppe u.a.: Teología de la liberación. Cruce de miradas. Coloquio de Friburgo. Lima: CEP, 2000.

SILBER, Stefan: Die Befreiung der Kulturen. Der Beitrag Juan Luis Segundos zur Theologie der inkulturierten Evangelisierung (Würzburger Studien zur Fundamentaltheologie 27). Frankfurt am Main: Peter Lang, 2002.

Teología India I: Primer encuentro taller latinoamericano (México 1990). Quito: Abya-Yala, 1991.

Teología India II: Segundo encuentro latinoamericano (Panamá 1993). Quito: Abya-Yala, 1994.

TORRES, Sergio: Itinerario intelectual y espiritual de G. Gutiérrez. In: Sobrino, Jon u. a.: Teología y liberación. Escritura y espiritualidad. Ensayos en torno a la obra de Gustavo Gutiérrez. Bd. II. Lima: IBC-CEP, 1990.

VALLEJO, César: Trilce. Madrid: Julio Ortega, 1991.

Vierter Internationaler Ökumenischer Theologie-Kongress vom 20.2. bis zum 2.3.1980 in Sao Paulo. In: Herausgefordert durch die Armen. Dokumente der Ökumenischen Vereinigung von Dritte-Welt Theologen 1976-1983, Freiburg-Basel-Wien, 1983.

WILKE, Birgit: „Hat für Zünstoff gesorgt". Gustavo Gutiérrez über die Aktualität der Befreiungstheologie. Interview veröffentlicht in der ProvinzZeitung für die Dominikanerprovinz des Hl. Albert in Süddeutschland und Österreich, Nr. 7-8/2004.

7 Anhänge

Anhang 1: Kurzbiographie[223]

Gutiérrez Merino, Gustavo, Theologe, Schriftsteller, Priester; geboren am 8. Juni 1928 in Lima, Peru; Ausbildung: Univ. San Marcos, Lima, 1947-50, Bachelor of Science; Katholische Universität in Lima, Philosophie; Santiago de Chile, Theologie; Katholische Universität, Louvain, Belgien, Master in Philosophie und Psychologie, Thema der Abschlussarbeit: „The Psychic Conflict in Freud" (1955); Studium an der theologischen Fakultät der Universität Lyon, Frankreich, 1955-59, Master in Theologie, Thema der Abschlussarbeit: „Religious Liberty" (1959), Doktor der Theologie summa cum laude, 1986, für seine gesamten Schriften; Studium an der Gregoriana Universität, Rom, Italien, 1959-1960; Katholisches Institut in Paris, Frankreich, 1962-1963; Ehrendoktorwürden: Univ. of Nijmegen, Holland, doc. theol. honoris causa, 1979; doc. degree, Univ. of Tübingen, Germany, 1985.

Lehrtätigkeit: Prof. an der Päpstlichen Katholischen Universität, Lima, Perú, Theologie und Sozialwissenschaften (1960-65); als Gastprofessor an Union Theol. Sem., New York; Pacific School of Religion, Grad.Theol. Union, Berkeley, CA; Univ. of Michigan, Ann Arbor; Boston Coll., Boston; Maryknoll School of Theology, Maryknoll, N.Y.; Mexican-American Cultural Center, San Antonio, Texas, usw.

Innerkirchliche Laufbahn: katholische Priesterweihe, 06.01.1959, Berater „Unión Nacional de Estudiantes Católicos" (UNEC), Lima, Peru; Berater von vielen theologischen und pastoralen Gruppen, Gründungsmitglied der ONIS (Oficina Nacional de Investigación); theologischer Berater von CELAM II (Lateinamerikanische Bischofskonferenz), Medellin, Kolumbien, 1968; Mitglied der Herausgeber von Concilium, Pastoralzeitschrift und von Paginas, Pastoralzeitschrift, Lima, Peru; Teilnehmer der Konferenz über „Christen für den Sozialismus", Santiago de Chile, 1973; Sprecher der SODEPAX-Konferenz, Cartigny, Schweiz, 1969; Teilnehmer der EATWOT-Konferenzen (Ökumenische Vereinigung von Theologen aus der Dritten Welt), Dar-es-Salaam, Accra, Sao Paolo, Sri Lanka, New Delhi.

Derzeitige Tätigkeit: Pfarrer in Rimac, Lima; Gründer und Direktor des Centro Bartolomé de las Casas, Rímac, Lima. Eintritt in den Dominikanerorden, 2001.

---

[223] McAfee Brown, Robert: Gustavo Gutiérrez. An introduction to liberation theology. Maryknoll: Orbis books, 1990, 22-23.

Anhang 2: Veröffentlichungen

Als Anhang liefere ich hier noch eine Bibliographie der Werke Gustavo Gutiérrez', die alle mir bekannten Titel umfasst. Wenn keine Übersetzung in Deutsch vorliegt, aber schon in Englisch, dann wird in diesem Fall das Werk auf Spanisch und im Folgenden die englische Übersetzung aufgelistet.

I. Monographien

An der Seite der Armen. Theologie der Befreiung. Augsburg: Sankt Ulrich, 2004.

Aus der eigenen Quelle trinken. Spiritualität der Befreiung. Mainz: Matthias-Grünewald, 1986 (Aus d. Span. Über.: Beber en su propio pozo. En el itinerario espiritual de un pueblo. Lima: CEP, 1983).

Compartir la biblia. A lo largo del año litúrgico. Lima: IBC-CEP, 1995.

Densidad del presente. Selección de artículos. Lima: IBC-CEP, 1996.

Die historische Macht der Armen. Mainz: Matthias-Grünewald, 1984. (Aus d. Span. Übers.: La fuerza histórica de los pobres. Lima: CEP, 1979).

El Dios de la vida. Lima: IBC-CEP,1989. (Auf Engl. Übers.: The God of life. London: SCM Press, 1991).

En busca de los pobres de Jesucristo. El pensamiento de Bartolomé de Las Casas. Lima: IBC-CEP, 1992 (Auf Engl. Übers.: Las Casas: in search of the poor of Jesus Christ. Maryknoll: Orbis books, 1993).

Entre las calandrias. Un ensayo sobre José María Arguedas. Lima: IBC-CEP, 2003.

Essential writings. Maryknoll: Orbis books, 1996.

Evangelización y opción por los pobres. Buenos Aires: Ediciones Paulinas, 1986.

Gott oder das Gold: der befreiende Weg des Bartolomé de Las Casas, Freiburg: Herder, 1990 (Aus dem Span. Übers.: Dios o el oro de las indias. Siglo XVI. Lima: IBC-CEP,1989).

La pastoral de la iglesia en America Latina. Montevideo: Ediciones Centro de Documentación, 1968.

La verdad los hará libres. Confrontaciones. Lima: IBC-CEP,1986 (Auf Engl. Übers.: The truth shall make you free. Confrontations, Maryknoll: Orbis books, 1990).

Liberation and Change. Atlanta: Jhon Knox Press, 1977.

Líneas pastorales de la Iglesia en América Latina. Análisis teológico. Lima: CEP, 1970.

Teología de la liberación. Tesis. Debate. Facultad de Teología. Instituto Católico Lyon-Francia, 1985. Buenos Aires: Latinoamerica Libros SRL, 1986.

Teología y espiritualidad. Santiago de Chile: Ediciones Rehue, 1988.

Theologie der Befreiung. Erweiterte und neubearbeitete Auflage. Mainz: Matthias-Grünewald, 1992 (1973). (Aus dem Span. Übers.: Teología de la liberación. Lima: CEP, 1988 (1971)).

Reflexión sobre la teología de la liberación. Perspectivas desde el Perú. Iquitos (Perú): Centro de estudios teológicos de la Amazonía (CETA), 1986.

Religión, instrumento de liberación? Madrid: Ediciones Marova, 1973.

Sobre el trabajo humano. Comentarios a la Encíclica "Laborem exercens". Lima: CEP, 1982.

Von Gott sprechen in Unrecht und Leid – Ijob. Mainz: Matthias-Grünewald, 1988 (Aus d. Span. Über.: Hablar de Dios desde el sufrimiento del inocente. Una reflexión sobre el libro de Job. Lima: IBC-CEP, 1986).

II. Aufsätze

Aún es tiempo. In: Páginas. Lima: CEP, Nr. 78, Jul. 1986, 4-5.

Befreiungsbewegungen und Theologie. In: Concilium 6/7, 1974.

Das Kontestationsphänomen in Lateinamerika. In: Concilium 10, 1971.

Das Zweite Vatikanische Konzil und die Kirche Lateinamerikas. In: Adveniat Nr.12, Essen: Defender la vida es subversivo. In: La Republica. Lima (20.04.1984).

Bischöfliche Aktion Adveniat, 1986.

Desenterrar la verdad. In: Páginas. Lima: CEP, Nr. 183 (Okt. 2003), 6-14.

Die Armen in der Kirche. In: Concilium 4, 1977.

Die Theologie der Befreiung zwischen Aktion und Kontemplation. In: Positionen Lateinamerikas, Frankfurt (Main): Materialis, 1989.

Dónde dormirán los pobres? In: El rostro de Dios en la historia. Lima: PUCP-IBC-CEP, 1996, 9-69.

El futuro no llega, se construye. In: Páginas. Lima: CEP, Nr. 124 (Dec. 1993), 100-107.

Fidelidad a la vida. In: Signos de vida y fidelidad. Lima : CEP, 1983.

Gratuidad y justicia. In: Páginas. Lima: CEP, Nr. 152 (August 1988), 80-84.

La mujer: lo último de lo último. In: Mujer y Sociedad. Lima, Vol. XI, Nr.44 (August 1991), 14-15.

La teología de la liberación es un mensaje de vida para todos. In: La Republica. Lima (14.09.1984).

La teología: una función eclesial. In: Páginas. Lima: CEP, Nr. 130 (Dec. 1994), 10-17.

Memoria de Dios y teología. In: Congreso teológico internacional: Las Casas entre dos mundos. Lima: IBC-CEP, 1993, 27-46.

Memoria y profecía. In: Páginas. Revista del Centro de Estudios y Publicaciones (CEP). N°181 (Jun.2003). Lima: CEP, 22-43.

Pobres y liberación en Puebla. In: Páginas. Lima: CEP, Vol. 4 (April 1979), 21-22.

Praxis de liberación y fe cristiana. In: Gibellini, Rosino: La nueva frontera de la teología en América Latina. Salamanca: Ediciones Sígueme, 1977, 13-40.

Puebla. Sobre el documento de consulta para Puebla. In: Páginas. Lima: CEP, Band III, Nr. 16-17.

Quehacer teológico y experiencia eclesial. In: Tamayo, Juan-José u.a.: Panorama de la teología latinoamericana. Cuando vida y pensamiento son inseparables... Estella: Verbo Divino, 2001, 241-256.

Sin palabras. In: La República. Lima (26.07.1992).

Situación y tareas de la teología de la liberación. In: Alberigo, Giuseppe u.a.: Teología de la liberación. Cruce de miradas. Coloquio de Friburgo. Lima: IBC-CEP, 2000, 239-264.

Situation und Aufgaben der Theologie der Befreiung. In: Delgado, Mariano; Noti, Odilo; Venetz, Josef (Hrsg.): Blutende Hoffnung. Gustavo Gutiérrez zu Ehren, Luzern: Edition Exodus, 2000.

The mystical and political dimension of the christian faith. In: Concilium. International magazin of theology. Nr.96. New York: Herder and Herder, 1974.

Una teología de la liberación en el contexto del tercer milenio. In: Gutiérrez, Gustavo u.a.: El futuro de la reflexión teológica en America Latina. Bogotá: CELAM, 1996, 97-165.

Vergüenza. In: La República. Lima (18.06.1995).

Würzburger Studien zur Fundamentaltheologie

Band 1 Rainer Bucher: Nietzsches Mensch und Nietzsches Gott. Das Spätwerk als philosophisch-theologisches Programm. 1986. 2., ergänzte Aufl. 1993.

Band 2 Jemin Ri: Wonhyo und das Christentum. Ilshim als personale Kategorie. 1987.

Band 3 Reginald Nnamdi: Afrikanisches Denken. Sein Selbstverständnis und das Problem seiner Bezogenheit zum Europäischen Denken. 1987.

Band 4 Heidemarie Lämmermann-Kuhn: Sensibilität für den Menschen. Theologie und Anthropologie bei Dorothee Sölle. 1988.

Band 5 Hermann Steinert: Begegnung und Erlösung. Der Mensch als soteriologisches Wesen - das Existenzproblem bei Martin Buber. 1989.

Band 6 Stephan Güstrau: Literatur als Theologieersatz: Heinrich Böll. "Sie sagt, ihr Kuba ist hier und auch ihr Nicaragua." 1990.

Band 7 Hans-Joachim Sander: Natur und Schöpfung – die Realität im Prozeß. A. N. Whiteheads Philosophie als Paradigma einer Fundamentaltheologie kreativer Existenz. 1991.

Band 8 Karl Theodor Kehrbach: Der Begriff "Wahl" bei Sören Kierkegaard und Karl Rahner. Zwei Typen der Kirchenkritik. 1992.

Band 9 Reiner Fuchs: Gewalt und Kontemplation. Der Beitrag Thomas Mertons zur Friedensproblematik. 1992.

Band 10 Stefan Aulbach: Spiritualität schafft Befreiung. Der Entwurf christlicher Existenz bei Juan Luis Segundo. 1992.

Band 11 Giorgio Penzo: Der Mythos vom Übermenschen. Nietzsche und der Nationalsozialismus. Übersetzt von Barbara Häußler. 1992.

Band 12 Hanjo Sauer: Erfahrung und Glaube. Die Begründung des pastoralen Prinzips durch die Offenbarungskonstitution des II. Vatikanischen Konzils. 1993.

Band 13 Reginald Nnamdi: Offenbarung und Geschichte. Zur hermeneutischen Bestimmung der Theologie Wolfhart Pannenbergs. 1993.

Band 14 Hildegard Wustmans: Wenn Gott zur Freundin wird ... Freundinnenschaft – der Weg zum neuen Himmel und zur neuen Erde. 1993.

Band 15 Sybille Bachmann: Kirchliche Basisgemeinden in Zentralamerika. Entstehung, Entwicklung, Gedankengut. 1993.

Band 16 Hildegund Keul: Menschwerden durch Berührung. Bettina Brentano-Arnim als Wegbereiterin für eine Feministische Theologie. 1993.

Band 17 Samuel Silva-Gotay: Christentum und Revolution in Lateinamerika und der Karibik. Die Bedeutung der Theologie der Befreiung für eine Soziologie der Religion. 1995.

Band 18 Sophia Bettina Karwath: Religion - eine Macht des Widerstands. Der Kontemplationsbegriff Thomas Mertons in einer Welt der Gewalt. 1996.

Band 19 Claudia Leuser: Theologie und Anthropologie. Die Erziehung des Menschengeschlechts bei Johann Gottfried Herder. 1996.

Band 20 Rafael Aragón / Eberhard Löschcke: Die Kirche der Armen in Nicaragua. Geschichte und Perspektiven. 1996.

Band 21 Michael Pflaum: Deleuze's Differenzdenken und die Idiomenkommunikation. Eine neue Perspektive der Theologie. 1998.

Band 22 Amatus Woi: Trinitätslehre und Monotheismus. Die Problematik der Gottesrede und ihre sozio-politische Relevanz bei Jürgen Moltmann. 1998.

Band 23 Matthias Türk: Offenbarung und Struktur. Ausgewählte Offenbarungstheologien im Kontext strukturontologischen Denkens. 1999.

Band 24 Agnes Hufnagel: Franz Hettingers Grundlegung einer christlichen Apologetik. 2000.

Band 25 Hildegard Wustmans: »und so lag die Welt erhellt in wahrerem Licht, und ich erwachte". Die Theologie der Sor Juana Inés de la Cruz – eine Sprache des Unerhörten. 2001.

Band 26 Sophia Karwath: Jüdin durch Geburt – Christin aus Überzeugung. Eine Grundkategorie der Religion bei Simone Weil: Die Schwelle. 2001.

Band 27 Stefan Silber: Die Befreiung der Kulturen. Der Beitrag Juan Luis Segundos zur Theologie der inkulturierten Evangelisierung. 2002.

Band 28 Christof Müller: Die Eschatologie des Zweiten Vatikanischen Konzils. Die Kirche als Zeichen und Werkzeug der Vollendung. 2002.

Band 29 Zrinka Stimac: Die bosnische Kirche. Versuch eines religionswissenschaftlichen Zugangs. 2004.

Band 30 Monika Tremel: Politik und Theologie bei Dorothee Sölle. Die Herausforderung der Frauenbewegung durch Carl Schmitt. 2004.

Band 31 Marion Haubner: Han. Christologie im Werk von Chung Hyun Kyung. 2004.

Band 32 Jürgen Lohmayer: Frege, Popper und die Theologie. Objektive Erkenntnis bei Jon Sobrino. 2005.

Band 33 Joseph Payyappilly: The Concept of Man in the Advaita Vedanta of Sankara. An Inquiry into Theological Perspectives. 2005.

Band 34 Carlos Luy Montejo: Armut und Spiritualität. Der Beitrag Gustavo Gutiérrez' zur Theologie der Evangelisierung. 2006.

www.peterlange.de

Klaus Hoffmann

Die große ökumenische Wegweisung

Die Bedeutung der Versöhnungsethik Karl Barths für die ökumenische Bewegung im konziliaren Prozess für Gerechtigkeit, Frieden und Bewahrung der Schöpfung heute

Frankfurt am Main, Berlin, Bern, Bruxelles, New York, Oxford, Wien, 2004. 368 S.
Europäische Hochschulschriften: Reihe 23, Theologie. Bd. 786
ISBN 3-631-52406-4 · br. € 56.50*

Die Studie möchte die Bedeutung der Versöhnungsethik Karl Barths für die ökumenische Bewegung in den Herausforderungen unserer Zeit herausstellen. Insbesondere geht es um den so wichtigen konziliaren Prozess für Gerechtigkeit, Frieden und Bewahrung der Schöpfung, der dringend neue Impulse benötigt. Die Theologie Karl Barths kann in den aktuellen Fragen von Bund und Versöhnung, bei der Suche nach einer gerechten Weltordnung angesichts der Globalisierung und bei der Notwendigkeit, die allerorten herrschende Macht der herrenlosen Gewalten zu überwinden, eine hilfreiche Wegweisung für die ökumenische Christenheit sein.

Aus dem Inhalt: Die ökumenische Bewegung im konziliaren Prozess · Karl Barths Theologie und Ethik der Versöhnung als ökumenische Wegweisung · Barths ökumenisches Testament und die ökumenische Existenz heute

Frankfurt am Main · Berlin · Bern · Bruxelles · New York · Oxford · Wien
Auslieferung: Verlag Peter Lang AG
Moosstr. 1, CH-2542 Pieterlen
Telefax 00 41 (0) 32 / 376 17 27

*inklusive der in Deutschland gültigen Mehrwertsteuer
Preisänderungen vorbehalten

Homepage http://www.peterlang.de